RADIKALE SELBSTFÜRSORGE

JETZT!

SVENJA GRÄFEN
RADIKALE SELBSTFÜRSORGE JETZT!
EINE FEMINISTISCHE PERSPEKTIVE

Eden BOOKS

INHALTSVERZEICHNIS

Warum dieses Buch	7
Wozu Selbstfürsorge?	15
Unter Druck und am Rand der Verzweiflung	33
Anfangen	47
Neue Standards: Fühl Gefühle!	55
Sprache und Gedanken	71
Stress	85
Kontrolle und das Ungewisse	97
Schlaf, Erholung und Pausen	111
Zeit, Geduld und Prokrastination	135
Grenzen	147
Meditation, Achtsamkeit und Yoga	157
Selbstfürsorge und Feminismus	171
Eine Liste	183
Glossar	187
Nachweise und Anmerkungen	191
Dank	195

WARUM DIESES BUCH

2020 – PUH, ODER?

Ja. Und 2021. Und 2022, und 2023 erst recht.

Als ich angefangen habe, an diesem Buch zu arbeiten, waren wir noch einige Wochen vom ersten sogenannten Lockdown entfernt. Und ich weiß nicht, wie es dir geht, aber ich erinnere mich, damals im Vorhinein irgendwie ein ganz gutes Gefühl für das anstehende Jahr 2020 gehabt zu haben. Und dann passierte, nun ja, 2020. Begonnen mit den zerstörerischen Waldbränden in Australien. Dem rassistischen Anschlag in Hanau, bei dem neun Personen ermordet wurden. Den sich zuspitzenden, katastrophalen Bedingungen, unter denen geflüchtete Menschen in überfüllten Camps an den Außengrenzen der Europäischen Union auszuharren gezwungen waren (und noch immer sind). Und dann natürlich: Covid19, eine globale Pandemie, die bis heute Millionen Menschen weltweit das Leben gekostet hat und noch viele mehr mit Long Covid zurücklässt.

In der ersten Ausgabe dieses Buches habe ich diese Aufzählung fortgeführt, denn 2020 stand alle paar Tage eine neue Horrornachricht ins Haus. Beispielsweise die erneute Welle rassistischer Polizeigewalt, nicht nur in den USA. Die immer größer werdenden Demonstrationen von Corona-Leugner*innen, Verschwörungsideolog*innen und Nazis. Neue Virusvarianten. Und, und, und.

Also nicht, dass vorher alles super gewesen wäre – nicht einmal annähernd. Auch vorher schon gab es etwa Klimakatastrophen verschiedenster Art sowie alarmierende Warnungen von Klimaforscher*innen, die von der Politik seit jeher weitestgehend ignoriert werden. Auch vorher schon lebten wir in einer zutiefst ungerechten, patriarchalen, hetero- und cis[1]normativen, klassistischen und ableistischen Gesellschaft. Oh, und da wäre ja noch die Sache mit dem Kapitalismus.

Die Krisen im Jahr 2020 haben wie ein Brennglas verschärft und vergrößert, was zuvor schon im Argen lag: die soziale Ungleichheit. Die Problematik traditioneller Rollenbilder und der Geringschätzung von Sorgearbeit, die immensen Herausforderungen, mit denen Alleinerziehende zu kämpfen haben. Die Bedingungen, unter denen Pflegekräfte arbeiten müssen oder Beschäftigte im Niedriglohnsektor. Angriffe auf feministische Errungenschaften wie etwa das Recht auf sexuelle und reproduktive Selbstbestimmung. Die Folgen von Fake News und der ungehinderten Verbreitung von Verschwörungserzählungen. *Weiße*[2] Privilegien und verinnerlichter sowie institutioneller Rassismus. Die analogen Folgen von Hass im Netz und digitaler Gewalt. Antidemokratische und faschistische Tendenzen weltweit. Und nein, leider ist es nicht so, als würden Jahreswechsel allein irgendetwas verändern: 2021, 2022 und 2023 schlossen nahtlos an die Katastrophen an, und auch 2024 sind wir noch mit all dem konfrontiert. Bloß dass noch so viel mehr hinzugekommen ist: Der andauernde russische Angriffskrieg gegen die Ukraine. Die Inflation und mangelnde Unterstützung für von Armut betroffene Personen. Der 07. Oktober 2023 und damit der Terror der Hamas in Israel, der darauffolgende Krieg gegen Hamas in Gaza. Der weltweite Anstieg antisemitischer wie auch antimuslimischer Gewalt.

Aber zurück in den Sommer 2020. Damals tigerte ich um meinen Schreibtisch herum und fragte mich: Warum ausgerechnet jetzt ein Buch über Selbstfürsorge? Es gab zu der

Zeit ohnehin so viele Forderungen, wie man sich bitte sehr zu fühlen und zu verhalten hatte. Nach dem Motto: Begreife die Krise als Chance! Nutze den Lockdown für alles, was du im Leben je aufgeschoben hast! Entwickle dich persönlich weiter und tauche am Ende als neue, als bessere Version deiner Selbst auf! Bleib bei all dem unbedingt gelassen – klar, auch mit drei Kindern im Home Office, auch als Risikopatient*in, auch nach dem Verlust deines Jobs.

Es gab immer wieder Momente, in denen ich mich gefragt habe, was ich mir eigentlich einbilde. Ein Buch über Self-Care, was soll das bringen? Wem soll das etwas nützen? Und wer bin ich überhaupt, mir anzumaßen, über dieses Thema zu schreiben? Und: Sollten wir nicht, statt uns mit Self-Care zu befassen, noch viel lauter und wütender Forderungen nach tatsächlich hilfreichen Corona-Maßnahmen stellen? So lange protestieren und streiken, bis sich endlich etwas bewegt?

Ich hatte viel Ungewissheit in mir. Habe gehadert und gezweifelt und zwischendurch alles weit weggeschoben. Aber letztlich habe ich dann doch wieder das Dokument auf meinem Laptop geöffnet. In mein Notizbuch geschaut. Und festgestellt: Gerade *weil* alles so ungeheuer verstärkt und superlativ ist, gerade *weil* wir uns nicht darauf verlassen können, dass die Politik unser Wohlergehen im Sinn hat, weil die Umstände so dermaßen ungünstig sind, ist auch Selbstfürsorge umso relevanter geworden. Jetzt erst recht – denn Selbstfürsorge, *radikale* Selbstfürsorge, ist nötig, um zu überleben, dabei nicht durchzudrehen und um überhaupt dafür kämpfen zu können, dass sich etwas verändert. Weil gesellschaftlicher Wandel nur dann stattfinden kann, wenn wir lernen, auf möglichst nachhaltige Weise auch für uns selbst zu sorgen.

Dieses Buch ist kein Glücksversprechen, keine Schritt-für-Schritt-Anleitung und kein Ersatz für ärztliche oder psychotherapeutische Behandlung. Ich möchte dir keine neuartige Wundermethode präsentieren, dank der es dir nie wieder schlecht gehen wird, und ich will dich auch nicht mit »Mach *immer* das!«- und »Tu *niemals* dies!«-Ratschlägen bevormunden.

Ich bin keine Ärzt*in, ich bin weder Expert*in für mentale Gesundheit noch Achtsamkeitscoach – sondern in erster Linie eine Person, die selbst nach Wegen sucht, um innerhalb unserer Gesellschaft mit all diesen strukturellen Ungerechtigkeiten zu existieren, und zwar auf eine feministische und solidarische Art. In den vergangenen Jahren habe ich viel recherchiert, gelesen und ausprobiert, ich habe eine ganze Menge dazu- und mich selbst besser kennengelernt (und bin noch immer dabei). Und ich bin eben auch Autor*in. Schreiben ist die für mich beste Art zu reflektieren, festzuhalten, mir Dinge zu erklären und mich anderen mitzuteilen – und genau das möchte ich mit diesem Buch tun: etwas teilen, in der Hoffnung, dass es dich vielleicht inspiriert.

Meine Perspektive ist die einer *weißen*, queeren, nicht-binären Person, die ohne körperliche Beeinträchtigung oder Behinderung lebt — ich bin also in vielerlei Hinsicht privilegiert. Obgleich ich auch bestimmte Diskriminierungserfahrungen mache und kenne, bin ich etwa nicht von strukturellem Rassismus oder Ableismus betroffen und möchte mir dementsprechend nicht anmaßen, darüber zu schreiben oder so zu tun, als wüsste ich, wie sich das anfühlt. Allerdings will ich auch nicht den Eindruck erwecken, dass die Selbstfürsorge, um die es mir geht, etwas Exklusives für Menschen mit bestimmten Privilegien sei – so ist es nämlich ganz und gar nicht.

Es geht mir um eine radikale, ermächtigende Art der Selbstfürsorge, die so zugänglich wie möglich ist und von der nicht bloß du und ich als Individuen profitieren, sondern letztlich wir alle als Kollektiv.

WOZU
SELBSTFÜRSORGE?

Der Begriff »Selbstfürsorge« ruft in der Regel ein riesiges Spektrum an Reaktionen hervor: Von entnervtem Augenrollen über wutschnaubendes Kopfschütteln bis hin zu verklärtem Lächeln ist alles dabei. Selbstfürsorge gilt als egoistisch, als realitätsfern, als überflüssiger Quatsch oder esoterischer Humbug. Auch ich habe lange Zeit bei dem Wort entnervt die Augen verdreht – denn ganz ehrlich, es mag ja vieles geben, das ich noch lernen kann und muss, aber ich werd's ja wohl gerade noch so hinkriegen, mich um mich selbst zu kümmern. Schaut doch her, ich bin immerhin sehr lebendig, offensichtlich kann ich atmen, also hört mir auf mit diesem Achtsamkeits-Blabla.

Ich hielt Self-Care für unpolitisch, unsolidarisch, antifeministisch und obendrein für ziemlich gefährlich. Ich meine: Es gibt Dinge, die lassen sich nicht mal eben wegatmen oder durch die richtige Meditationstechnik in etwas Positives transformieren. Und mit einer Gesichtsmaske, egal wie klärend sie sein mag, werde ich auch nicht das Patriarchat abwaschen.

Wenn ich mir selbst etwas Gutes tun wollte, *gönnte* ich mir eine riesige Pizza, ganze Tafeln Schokolade, Zigaretten in rauen Mengen und Alkohol. Mich nach einer stressigen Woche, einer ätzenden Onlinediskussion oder schlechten Nachrichten mit meinen Freund*innen zu betrinken, war über lange Zeit meine favorisierte Bewältigungsstrategie, meine sichere Bank, und außerdem machten es alle anderen doch genauso. Ich nahm hin und kokettierte sogar damit, dass ich manchmal so sehr in Arbeit versunken war, dass ich – *hahaha!* – vergaß zu trinken und zu essen. Mir irgendwann hangry und zittrig Falafel zu bestellen, war eher die Regel als die Ausnahme, und oftmals war das dann auch das erste und einzige Mal, dass ich am Tag die Wohnung verließ.

Zusätzlich zu einem ziemlich hohen Arbeitspensum verbrachte ich ungeheuer viel Zeit im Internet. Ich wollte auf dem Laufenden bleiben, verfolgte sämtliche Newsticker und verlor mich etwas zu häufig in endlosen Diskussionen auf Social Media – über Misogynie und Queerfeindlichkeit, über Rassismus, Antisemitismus und Ableismus. Es passierte ja auch ständig was Neues! Hier schon wieder ein Skandal, dort eine Horrornachricht. Und dazu der Druck, mich möglichst schnell zu aktuellen Geschehnissen zu positionieren. Mich idealerweise allumfassend zu äußern, dem Hass und den Trollen etwas entgegnen –, meine Stimme und meine Privilegien bestmöglich einzusetzen. Keine Frage, es tat auch gut, mich offline mit Freund*innen und Kolleg*innen sowie online mit anderen Feminist*innen auszutauschen, und ich lernte unglaublich viel dazu. Aber dennoch war das vordergründige Gefühl doch eher: Hoffnungslosigkeit. Denn am großen Ganzen änderte sich leider nichts, gar nichts – egal, wie sehr wir uns auch alle die Finger wund diskutierten, egal, wie viel Aufklärungsarbeit geleistet wurde.

Kurz nach den rassistischen Angriffen in Chemnitz im Jahr 2018 saß ich, weit entfernt vom Ort des Geschehens, im Rahmen eines Aufenthaltsstipendiums in Schleswig-Holstein am Schreibtisch. Eigentlich wollte ich dort an meinem zweiten Roman arbeiten, aber immer häufiger fragte ich mich, ob ich überhaupt noch schreiben sollte. Ich war sowieso oft viel zu fahrig, durcheinander und abgelenkt dazu, kam nicht so richtig in einen Fluss. Der größte Faktor aber war, dass ich nicht mehr wusste, warum ich schrieb – was und wem das etwas bringen sollte. Jeder Versuch, mich auf mein Manuskript zu fokussieren, fühlte sich an wie ein Augenverschließen, ein bewusstes Wegschauen. Und alles, was ich bereits geschrieben hatte, kam mir nichtig und unbedeutend vor. Während der Curser im geöffneten Dokument erwartungsvoll blinkte, checkte ich dann doch bloß im Minutentakt soziale Medien und Nachrichten – und kam mir total blöd vor dabei. Denn gab es nicht Wichtigeres für mich zu tun, als hier zu sitzen und – erfolglos – zu versuchen zu schreiben? Die verdammte Demokratie verteidigen, zum Beispiel, mit allen mir zur Verfügung stehenden Mitteln?

Wann immer ich in dieser Zeit über Begriffe wie Achtsamkeit oder Selbstfürsorge stolperte, konnte ich nicht anders, als zynisch zu werden. Ja, genau, die richtige Morgenroutine wird es ganz bestimmt richten. Und was soll ich? Ach so, einfach ein bisschen dankbarer sein, na klar, *fuck you*.

Mir ging es nicht gut. Ich wollte irgendwas verändern, verbessern, aber ich wusste einfach nicht so genau, was – und vor allem, wie. Also machte ich zunächst einfach weiter wie bisher. Ich schrieb voller Zweifel und mit einem miesen Gefühl im Bauch den Roman fertig. Heulte regelmäßig Freund*innen übers Telefon voll. Hatte Angst und fühlte mich permanent ausgelaugt. Kaufte mir zur Beruhigung Lavendelöl und hasste mich selbst dafür noch ein bisschen mehr, *so eine Person bist du jetzt, oh mein Gott, Lavendelöl*. Ich versuchte trotzdem weiterhin, mich so viel wie möglich online zu äußern, auf die Perspektiven und Inhalte marginalisierter Personen aufmerksam zu machen. Ich führte weiter Diskussionen und wunderte mich regelmäßig über Kopf- und Bauchschmerzen, bis mir auffiel, dass ich zu wenig gegessen oder kaum Wasser getrunken hatte. Und als Entschädigung für das ganze Leid gab es dann und wann Alkohol, Prost, auf dass die Welt wirklich bald untergeht, denn ganz ehrlich, das wäre vermutlich für alle das Beste!

Im Kontrast zu diesem Nihilismus klingt alles rund ums Thema Selbstfürsorge so ein bisschen – ich weiß auch nicht, ignorant und irgendwie uncool. Und da ist so viel Imperativ! »Liebe dich selbst!«, »Sei gut zu dir!«, »Sei dankbar!«, »Sei achtsam bei jedem Bissen Mittagessen!«, »Zieh dich warm genug an!«. Ja, Mama. Ich konnte nichts dagegen tun, bei bevormundenden Sätzen auf Motivationspostkarten sträubte sich in mir einfach irgendwas. Und nichts in mir hatte sonderlich Bock, sich von pathetischen Sprüchen in pinkfarbenen Büchlein diktieren zu lassen, wie ich mich zu fühlen und zu verhalten habe. Dem Ganzen haftet so was Verzweifeltes an. Letzte Hoffnung: Schnörkelschrift!

Und schließlich verstand (und verstehe!) ich mich ja auch als Feminist*in. Als Person, die mit der gesellschaftlichen Gesamtsituation nicht einverstanden ist. Der es trotz all der sie umgebenden Hoffnungslosigkeit wichtig ist, dass sich etwas verändert. Und irgendwie brachte mich das zur Annahme, dass es vielleicht ja auch ganz einfach dazugehörte, dass ich mich schlecht fühlte. Ja, gut möglich, dass ich einfach immer ein bisschen verzweifelt und ängstlich und wütend zu sein hatte, um überhaupt weiterkämpfen zu können! Vielleicht war genau das der Motor. Und hinzu kam: Meine bloße Existenz gab mir doch sicher noch lange nicht das Recht dazu, mich gut zu fühlen. Und wenn es gerade mal nicht um mich selbst ging, sondern um weniger privilegierte Menschen – nun ja, da wurde es noch komplizierter, denn mich beschlich einerseits der Gedanke, mich nicht beschweren zu dürfen – da es mir *vergleichsweise* doch eigentlich gut ging. Und andererseits dachte ich, mich auch nicht glücklich oder okay fühlen zu dürfen – weil es anderen Menschen eben *vergleichsweise* so viel schlimmer ging.

Und schließlich wollte ich doch solidarisch sein, verbündet im Kampf gegen Diskriminierung und strukturelle Gewalt! Und das passte eben nicht zusammen mit so wohliger Me-Time in Schnörkelschrift, richtig? Solange die nicht für alle Menschen gleichermaßen zugänglich war, konnte sie logischerweise auch mir nicht zustehen.

Meine Schlussfolgerung lautete also: Es müssen zunächst mal mindestens das Patriarchat, Rassismus und Kapitalismus zerschlagen werden, bevor ich mich offiziell besser fühlen darf. Relativ viel Belastung auch auf so einem einzigen Paar Schultern, oder? Ich fühlte mich ein bisschen wie in *Die unendliche Geschichte*, als dem Krieger Atréju – der noch ein Kind ist – gesagt wird, dass nur er allein die Kindliche Kaiserin und das ganze Land Phantásien retten kann – und muss, weil sonst nämlich alle sterben, und – ach ja! – leider gibt es weder Tipps noch irgendwelche Anhaltspunkte, wie er am besten an die Sache rangeht, bloß all seine Waffen abgeben muss er zuvor.[3] Na, versuch nach einer solchen Aufgabenstellung doch mal, in Ruhe und ohne Schuldgefühle einen Tee zu trinken.

Um das gleich wieder aufzulösen, große Überraschung: Ich bin nicht Atréju! Und du auch nicht. Niemand ist Atréju. Diese Tatsache stellt überhaupt nicht infrage, dass wir uns natürlich weiterhin dafür einsetzen müssen, dass sich etwas verändert in unserer Gesellschaft und auf der Welt – womöglich lauter und stärker und mehr als je zuvor. Aber wir können und dürfen uns derweil auch um uns selbst kümmern. Ganz ehrlich, ich finde, wir müssen sogar – auch und gerade, um solidarisch mit anderen sein zu können.

Was mich angeht, ist es definitiv nicht so, dass ich eines Morgens aufgewacht bin und dachte: Mensch, vielleicht ist es mir ja doch vergönnt, etwas netter zu mir selbst zu sein? Vielleicht ist das alles doch kein Unsinn, ab heute geht's also los mit der Self-Care, von nun an schenk ich mir Liebe, ein Lächeln und selbst gekochtes Mittagessen! Aber mir wurde mit der Zeit immer klarer, dass ich etwas an meinem Umgang mit mir ändern *musste* – um nicht auszubrennen. Und ausgehend von dieser Einsicht bin ich in einen Prozess hineingeraten, der bis heute andauert (und, Spoiler Alert, auch niemals zu Ende sein wird). Es ist auch nicht so, dass ich jetzt alles fest im Griff habe – nicht einmal annähernd. Ich wurde weder erleuchtet, noch atme ich goldenes Licht, und ich befinde mich auch nicht in einem grinsenden Dauerzustand der Freude und Leichtigkeit – unter anderem weil es diesen Dauerzustand überhaupt gar nicht gibt.

Ich habe aber zum Beispiel verstanden, dass ich nicht nur nicht Atréju bin, sondern dass das auch niemand von mir verlangt. Dass es nicht meine Aufgabe ist, die ganze Welt zu stabilisieren – aber dass ich dennoch einen Teil dazu beitragen kann, indem ich zunächst *mich selbst* stabilisiere, um dann wiederum anderen bei diesem ganzen Stabilisierungsprozess helfen zu können. Noch mal kurz zurück zu *Die unendliche Geschichte:* Am Ende ist ja auch Atréju nicht allein. Nie allein gewesen! Die ganze Zeit über war da eben auch Bastian. Aber: Hätte Bastian Atréju in seiner durch und durch beschissenen Lage ausschließlich bemitleidet und sich seinetwegen bloß schlecht gefühlt – Phantásien wäre untergegangen! Glücklicherweise hat Bastian aber rechtzeitig gecheckt, dass er sich bloß einen neuen Namen für die Kindliche Kaiserin auszudenken braucht, um Atréju zu helfen und Phantásien zu retten.

So einfach ist es natürlich in der Realität nicht, aber ich will sagen: Es ist keine Solidarität, wenn wir uns schlecht fühlen, weil es anderen schlecht(er) geht. Es ist nicht konstruktiv und ändert exakt nichts am Unrecht in dieser Welt, wenn wir uns bloß in unseren Schmerz und Kummer über dieses Unrecht hineinsteigern – so verständlich das Verlangen danach manchmal auch sein mag, bei all der vermeintlichen Macht- und Hoffnungslosigkeit, die uns ständig vermittelt wird. Bei allem, was Tag für Tag so geschieht. Wenn du deswegen aber meinst, dich nicht um dich selbst kümmern und keine Freude mehr empfinden zu dürfen oder es nicht verdient zu haben, dich besser zu fühlen – dann gibt das all dem Unrecht, all dem Schlimmen, das ja ohnehin bereits existiert, bloß noch mehr Raum und noch mehr Macht. Nämlich die Macht über dich. Und das wiederum raubt dir die Hoffnung und hält dich letztlich davon ab, aktiv zu werden, dich mit anderen zu verbünden und tatsächlich Veränderung anzustoßen.

Nicht falsch verstehen: Es ist natürlich vollkommen nachvollziehbar, sich angesichts aller Tatsachen und Katastrophen dieser Welt hin und wieder hoffnungslos zu fühlen, verzweifelt und wütend zu sein. All diese Gefühle haben ihre Daseinsberechtigung (mehr dazu übrigens im entsprechenden Kapitel) und sollten auch tatsächlich gefühlt werden.

Es ist total verständlich, dass es dich fassungslos und traurig macht, wenn dir eine Person, die weniger privilegiert ist als du, von Diskriminierungs- oder Gewalterfahrungen erzählt – aber es hilft niemandem weiter, wenn du dich als Folge davon von deiner Fassungslosigkeit beherrschen lässt. Denn die Person, die sich dir anvertraut hat, soll ja nicht auch noch *zusätzlich* die Aufgabe bekommen, deine Emotionen zu verarbeiten. Ich habe das ein paarmal erlebt, wenn Menschen von Erfahrungen mit sexualisierter Gewalt berichtet haben. Besonders cis Männer sind dann oft bestürzt und fassungslos. Anteilnahme ist natürlich erst mal schön und meist auch gut gemeint, es ist aber schlichtweg keine Solidarität, so sehr in Empörung zu versinken, dass sich daraufhin der Fokus verschiebt – und es auf einmal darum geht, diejenigen zu trösten, von denen sich eigentlich Unterstützung gewünscht wurde.

Darum geht es im Übrigen auch, wenn gesagt wird, dass Rassismus das Problem *weißer* Menschen ist – denn genau das ist es! Menschen mit *weißen* Privilegien müssen Verantwortung übernehmen und diese Arbeit erledigen. Es reicht nicht aus, sich über rassistische Polizeigewalt zu empören oder Rechtsextremismus ganz furchtbar zu finden – es gilt, sich mit dem eigenen, verinnerlichten Rassismus auseinanderzusetzen und ihn zu verlernen. Natürlich muss Menschen, die von Rassismus betroffen sind, zugehört werden, aber es kann und darf nicht ihre Aufgabe sein, permanent *weiße* Tränen wegzuwischen – auch dann nicht, wenn es vermeintlich antirassistische Tränen sind, denn »natürlich bin ich auch gegen Nazis!«. Mit dieser Einstellung lässt sich sicherlich arbeiten, aber sie allein genügt einfach nicht, und sie macht noch keine Solidarität. Oder wie es Beth Pickens so treffend formuliert: »Anger isn't action and misery isn't solidarity.«[4] (»Wut ist keine Handlung, und Elend ist keine Solidarität.«)

Solidarisch ist es zuzuhören, ernst zu nehmen, bereit zu sein, dazuzulernen und an dir selbst zu arbeiten. Nicht nur zu *zeigen*, dass du da bist, sondern tatsächlich *da zu sein*. Zu fragen: »Was brauchst du? Was kann ich tun, um dich zu unterstützen?« Und stell dir vor – solidarisch und für andere da sein kannst du auf die nachhaltigste und beste Art und Weise, wenn du nicht selbst schon am Ende deiner Kräfte angekommen bist. Wenn du zwischendurch innehältst und dir selbst genau diese Fragen stellst: »Was brauche *ich*? Was kann ich tun, um *mich* zu unterstützen?« Und dich hin und wieder daran erinnerst, dass du nicht und niemals *allein* dafür verantwortlich bist, die Welt zu retten.

Wie schlagen wir nun die Brücke – inwiefern ist Selbstfürsorge eine feministische Praxis? Oder wie genau sieht eine feministische Perspektive darauf aus? Natürlich ist es nicht ganz so einfach, dass du bloß möglichst schnell eine bestimmte Anzahl Schaumbäder zu nehmen brauchst, und schon leben wir im güldenen Zeitalter der Gleichberechtigung. Und wie gesagt, auch die wirksamste Gesichtsmaske wird nicht sämtliche Probleme und alles Unrecht dieser Welt abschälen. Nicht alles, was sich als selbstfürsorglich beschreiben lässt, ist per se feministisch oder ganz automatisch politischer Aktivismus. Nicht alles bewirkt sogleich gesellschaftlichen Wandel.

Aber es liegt eben durchaus eine nicht zu verachtende Menge an Macht darin, dich losgelöst von der kapitalistischen Wellness-Industrie mit dir selbst auseinanderzusetzen. Dich mit deinen Bedürfnissen zu befassen. Dich um dich selbst zu kümmern. Das bedeutet nämlich in erster Linie, dass du dir selbst Raum zugestehst, der dir von der Gesellschaft nicht unbedingt auf dem Silbertablett serviert wird. Schon ihn dir einfach zu nehmen, kann eine Form von Protest sein. Kann feministische Praxis sein. Kann antikapitalistische Praxis sein. Kann eine Routine werden, die dich Kraft tanken, durchatmen und bei dir ankommen lässt; die dir ermöglicht, mehr und mehr Vertrauen zu dir selbst zu fassen. Dir diesen Raum zuzugestehen, kann ein Aufbrechen von Glaubenssätzen und Mustern bewirken, die seit Jahrzehnten, Generation für Generation, weitervererbt worden sind – und die immer dafür gesorgt haben, die Bedürfnisse anderer ganz selbstverständlich über die eigenen zu stellen.

Um dir diesen Raum zu nehmen, musst du nicht warten, bis die Welt eine bessere ist. Genauso wenig musst du warten, bis sich dein womöglich eher negatives Selbstbild in pure Liebe und Dankbarkeit verwandelt hat. Du musst nicht schon vorher an einem gewissen Punkt angekommen sein, dich nicht erst selbst heiraten oder so was – es reicht schon, wenn du einfach erfahren möchtest, wie es sich anfühlt, dir diesen Raum zu nehmen. Es reicht, wenn du bereit bist auszuprobieren, dir selbst und auch deinem Körper mit etwas Offenheit und Freundlichkeit zu begegnen. Wenn du dich wahrzunehmen versuchst, ohne sofort zu bewerten. Allein dadurch schaffst du einen selbstbestimmten Gegenentwurf zu äußeren Bewertungen, machst einen ersten Schritt in Richtung all dessen, was dir die Gesellschaft mit ihren festgesetzten Regeln und Normen womöglich nicht zuzugestehen bereit ist. Auf diese Weise übst du, dir selbst Wertschätzung entgegenzubringen, die an keinerlei Bedingungen geknüpft ist – und das allein ist inhärent feministisch.

Klar, *das allein* schützt leider nicht vor Diskriminierung, und es befreit auch nicht von bereits gemachten Erfahrungen – aber es ermöglicht dir zu üben, dich für wichtig genug zu halten, um Zeit in dich und dein Wohlergehen zu investieren – und zwar unabhängig davon, wie »produktiv« du gemessen an den absurden Standards der Leistungsgesellschaft gerade sein magst. Es bedeutet, dich mit dir selbst auseinanderzusetzen – und dich dadurch auch besser kennenzulernen. Und wenn du dich selbst und damit deine Kräfte besser einzuschätzen weißt, dann kannst du dich auch einfacher abgrenzen. Es fällt dir leichter, »Nein« zu sagen. Du ermächtigst dich selbst mehr und mehr dazu, mit deiner Energie hauszuhalten, eigene Entscheidungen zu treffen und die berühmten Zügel selbst in der Hand zu halten. Und das nicht etwa im Sinne von Kontrolle, indem du alle »negativen« Gefühle ausschaltest, nein, es geht vielmehr darum, dass du nicht von deinen Gefühlen beherrscht wirst, ihnen nicht ausgeliefert bist. Dass du herausfindest, wie du dich selbst in sämtlichen Lagen am besten unterstützen kannst. Selbstverständlich nicht zu dem Zweck, dass du möglichst schnell wieder »funktionierst« und »einsatzbereit« bist, nicht im Sinne einer »Optimierung« oder um dein altes, vermeintlich fehlerhaftes Ich hinter dir zu lassen. Und eben auch nicht, um dich nie wieder schlecht zu fühlen, um nie wieder müde zu sein und fortan nur noch voller *good vibes* aus dem Bett zu springen – es geht zunächst einmal darum, einfach müde sein zu dürfen, ohne dich selbst dafür zu verurteilen oder zu hassen. Aber eben auch darum, dass es dir besser geht und gehen darf – was wiederum eine Voraussetzung dafür ist, auf nachhaltige Weise für dich und andere einzustehen und dich längerfristig für etwas einzusetzen.

Das ist im Übrigen keine neue Idee: In den 1960er-Jahren begannen Wissenschaftler*innen, denjenigen eine selbstfürsorgliche Praxis zu empfehlen, die beruflich immer wieder mit Schmerz und traumatischen Ereignissen konfrontiert sind, beispielsweise Ersthelfer*innen, Feuerwehrleute oder Sozialarbeiter*innen. Zur selben Zeit betonten Schwarze Aktivist*innen des afroamerikanischen *Civil Rights Movement* das politische Potenzial von radikaler Self-Care – etwa im Hinblick darauf, dass von Rassismus sowie Armut betroffene Menschen einen wesentlich schlechteren Zugang zu medizinischer Versorgung hatten (und noch immer haben). Anhaltende Unterdrückung und Diskriminierung wirken sich direkt auf die mentale wie physische Gesundheit aus – weshalb es bereits eine Form von Widerstand darstellt, sich um genau diese zu kümmern. So betrachteten es auch führende Aktivist*innen der *Black Panther Party* wie etwa Ericka Huggins, die in den 1970ern mit Meditation und Yoga begonnen hat. Auch die Bürgerrechtlerin Angela Davis, selbst eine Zeit lang *Black Panther*-Mitglied, berichtet in einem *AFROPUNK*-Interview von 2018, dass sie während der Zeit ihrer Inhaftierung anfing, Yoga zu praktizieren.[5]

Für Menschen, die von Diskriminierung und struktureller Gewalt betroffen sind, geht es also darum, die eigene Widerstandsfähigkeit zu bewahren und zu stärken – und letztlich auch ums Überleben. Beziehungsweise um die Selbsterhaltung, wie es die Schwarze lesbische Feministin Audre Lorde im Epilog zu ihrem erstmals 1988 veröffentlichten Essay »A Burst of Light« geschrieben hat: »Caring for myself is not self-indulgence, it is self-preservation, and that is an act of political warfare.«[6] (»Mich um mich selbst zu kümmern, ist kein Luxus, es ist Selbsterhaltung, und das ist ein politischer Kampfakt.«)

Die Art der Selbstfürsorge, um die es mir geht, lässt sich als radikal beschreiben im Sinne von: von Grund auf, umfassend, ganzheitlich. Und gemeint ist damit in erster Linie wahrscheinlich kaum etwas von all dem, was uns üblicherweise so als Self-Care oder Wellness verkauft wird. Nicht falsch verstehen – wenn du möchtest, kannst du natürlich all diese Schaumbäder nehmen, Peelingmasken auftragen, Räucherstäbchen anzünden und dazu noch autogenes Training machen. Nur: Es ist möglich, dass du all das tust – und dich immer noch selbst hasst dabei. Dass sich dein Problem durch das Schaumbad nicht löst. Das ergibt sogar durchaus Sinn, denn höchstwahrscheinlich besteht dein Problem ja nicht darin, dass du zu wenig badest. Viele der gängigen Self-Care-Praktiken lassen sich als Werkzeuge begreifen, als eine Einladung: Es ist nicht das Schaumbad, der Spaziergang, die Tasse Tee *an sich*, die dafür sorgt, dass du dich besser fühlst – aber all das kann durchaus eine Übung darin sein, dir eine Pause zuzugestehen. Dich gut zu behandeln. Freundlich mit dir umzugehen. Und Zeit mit dir selbst zu verbringen. Mehr als um die Handlung selbst geht es also um ein Versprechen, eine Verpflichtung dir selbst und deinen Bedürfnissen gegenüber – sogar wenn du noch nicht ganz sicher bist, was deine Bedürfnisse denn konkret sind.

In jedem Fall soll radikale Selbstfürsorge nicht bloß ein Pflaster sein, nicht bloß für oberflächliche und kurzzeitige Verbesserung sorgen. Es geht hierbei um mehr als reine Symptombekämpfung – und das ist zugleich der größte Vorteil als auch das größte Problem. Es ist das, was uns die meiste Angst einjagen kann, denn wenn wir nicht bloß Symptome bekämpfen und oberflächlich agieren, dann müssen wir an die Ursachen ran. An die Wurzel. An unser Innerstes, möglicherweise. Das ist nicht immer angenehm, nicht unbedingt ein Spaziergang, im Gegenteil. Es kann kräftezehrend, furchteinflößend und schmerzhaft sein, es birgt gewisse Risiken – und es *dauert*. Es dauert ewig, im wahrsten Sinne des Wortes: Es ist ein nicht linearer und niemals endender Prozess. Aber einer, der sich trotzdem oder vielleicht sogar genau deswegen lohnt. Versprochen.

UNTER DRUCK UND AM RAND DER VERZWEIFLUNG

Also, wie genau gehen wir vor? Wie bringen wir diesen Prozess nun in Gang? Wie funktioniert das mit der Selbstfürsorge?

Mit den bereits angesprochenen Imperativen »Entspann dich!«, »Leb im Moment!« oder eben »Liebe dich selbst!« klappt's schon mal nicht – bei mir zumindest. Selbst ein gut gemeintes »Atme mal tief durch!« bewirkt bei mir eher das Gegenteil. Irgendwie logisch, denn dieser Satz ist ja erst mal nicht mehr als eine plumpe Aufforderung. Und plumpe Aufforderungen können dafür sorgen, dass wir entweder verkrampfen oder in eine Art Trotzhaltung verfallen – so wie ich bei all den Schnörkelschriftlebensweisheiten.

Es ist furchtbar frustrierend, dass häufig so getan wird, als wäre das persönliche Wohlergehen bloß einen einzigen, korrekt durchgeführten Atemzug entfernt – oder aber etwas, das ich ganz easy konsumieren kann –, wenn ich nur bereit dazu bin, in mich zu »investieren«. Dann ist das alles ein Kinderspiel! Ich muss nur diese App runterladen/diesen Podcast hören/diese Coaching-Session buchen/diesen Newsletter abonnieren/an diesem Seminar teilnehmen/dieses Onlineprogramm mitmachen/in dieses Retreat fahren/xyz – egal was es auch ist, euphorisch beworben wird es in jedem Fall von strahlenden, zumeist normschönen Menschen, die mir versprechen, dass es mit ihrer einzigartigen Methode endlich auch mir gelingen wird, mich mehr zu spüren. Natürlich klingt das verlockend! Mich selbst mehr spüren, aber klar, warum nicht? Mich mehr lieben, mehr in meine Kraft kommen, mehr Zeit haben, mehr Leichtigkeit, mehr Energie, mehr Fülle, mehr Produktivität, mehr Positivität, mehr, mehr, mehr!

Kein Wunder ist es bei all diesen Versprechen gleich doppelt entmutigend, wenn ich dann tatsächlich eine dieser angepriesenen Methoden oder Techniken ausprobiere – mich zum Yogakurs anmelde, eine bestimmte Morgenroutine entwickle, ein Dankbarkeitstagebuch beginne, meine Ersparnisse für eine spirituelle Heilung, ätherische Öle, Edelsteine oder sonst was raushaue – und es ausgerechnet bei mir – ups! – doch nicht funktioniert. Oder ich nach dem ersten Hoch in ein noch tieferes Tief falle als zuvor. Die Enttäuschung über mein scheinbares Versagen wird das Gefühl, dass *ich* das Problem bin, dass mit *mir* etwas nicht stimmt, logischerweise verstärken. Ich allein bin meines Glückes Schmied*in? Tja, dann habe ich wohl leider Pech gehabt, denn offensichtlich beherrsche ich das Schmiedehandwerk nicht.

Die Sache ist die: Es mag ja sein, dass für Person XY wahrhaftig diese ungeheure Veränderung losgetreten wurde, weil sie an ebenjenem Seminar teilgenommen oder eine Ernährungsumstellung gemacht hat – aber das macht die Methode noch lange nicht allgemeingültig. Selbst wenn eine gewisse kausale Verknüpfung besteht, heißt das nicht, dass ein Ansatz für alle Menschen gleichermaßen funktioniert oder zugänglich ist. Wir haben nicht alle dieselben Ressourcen zur Verfügung. Wir können uns nicht alle mal eben so ein Sabbatical, zwei Wochen Yogaurlaub am Indischen Ozean oder dieses Supercoaching leisten, und auch keinen Saunatag im Harz.

Außerdem machen und haben wir nicht alle dieselben Erfahrungen. Wir sind – Überraschung! – alle vollkommen unterschiedliche Menschen mit unterschiedlichsten Voraussetzungen sowie Lebensrealitäten. Und während für manche von uns dieses allseits beworbene *Mehr* (wovon auch immer) genau der richtige Ansatz sein mag, so ist es für andere vielleicht eher an der Zeit für *weniger*. Weniger Stress beispielsweise oder weniger Input. Weniger Termine – statt eines zusätzlichen Termins auf der sowieso schon zu langen To-do-Liste, selbst wenn es sich dabei um den Yogakurs handelt.

Fest steht jedenfalls: Um uns besser zu fühlen, Veränderungen zu bewirken, so ganz allgemein »positiver« zu sein – dafür gibt es weder ein Patentrezept, noch ist es eine Frage des *Mindsets* oder etwas, für das wir uns bloß zu entscheiden brauchen. Solche Behauptungen sind nicht nur unwahr, sondern obendrein ziemlich gefährlich, schädlich, ja geradezu toxisch – womit wir bei der sogenannten toxischen Positivität angekommen sind.

Keine Frage, es kann durchaus hilfreich sein, nicht immer vom Schlimmsten auszugehen. Es ist nicht automatisch eine giftige Angelegenheit, sich auch mal auf das zu besinnen, was gut ist. In der Regel neigen wir ja dazu, eher auf Kritik anzuspringen als auf Lob oder das berüchtigte Haar in der Suppe zu finden. Jedoch löst der reine Fokus auf das, was wir für gut halten, nicht automatisch in Wohlgefallen auf, was einfach unübersehbar schlecht ist.

Mit dieser toxischen Art der Positivität geht allzu häufig das Phänomen einher, das eigentlich Unübersehbare aber eben doch zu übersehen, und zwar ziemlich bewusst. Die Rede ist vom *Spiritual Bypassing* – spirituelles Umgehen also. Das bedeutet, sich selbst und allen anderen die pure Glückseligkeit vorzugaukeln, damit man sich weder mit sich selbst noch mit Problemen jedweder Art auseinandersetzen muss; sich mantraartig »Alles ist gut« zuzuflüstern, besonders dann, wenn's mal kompliziert wird. Mit dem Auto unterwegs einen Stau zu umfahren, ist ja durchaus clever, aber auf dieselbe Art vor Schwierigkeiten,

Problemen und Tatsachen wegzulaufen, sie entweder komplett zu verdrängen oder sie zu verklären, ist absolut keine empfehlenswerte Strategie – besonders nicht auf lange Sicht. Nein, ich hab keine psychische Erkrankung, nein, es gibt keine Gewalt gegen Frauen und queere Personen, nein, ich sehe keine Hautfarben, alles ist gut, alles geschieht aus einem guten Grund, das Universum wird schon seine Pläne für mich haben, bleib mir weg mit deinen negativen Energien, denn nur die sind gefährlich.

Eng damit verknüpft ist auch spirituelles *Gaslighting* – im Prinzip eine Art Manipulation, wie sie beispielsweise zu Beginn der Coronapandemie ganz groß zu beobachten war. Ich sage nur: »Die Krise als Chance!« Und nicht nur Krisen, sondern auch traumatische Erlebnisse, Unglücke, schlechte Erfahrungen und Schicksalsschläge werden uns gern mal als Chance, Geschenk oder gar als Voraussetzung oder Grundlage für persönliches Wachstum verkauft. Puh, ähm, nein. Einfach nein. Sicher ist es *möglich*, dass ich aus einer schlechten Erfahrung etwas lerne, einer beschissenen Situation vielleicht sogar etwas Positives abgewinnen kann. Oder mich im Anschluss stärker fühle, weil ich sie durchgestanden habe. Eine Krise ist aber nicht automatisch eine Chance. Außerdem sind, wie bereits erwähnt, Erfahrungen extrem unterschiedlich – und der Umgang mit ihnen ebenfalls. Nicht jede*r möchte, kann und muss aus einer traumatischen Erfahrung etwas Gutes ziehen oder daran wachsen – manchmal ist es schlicht und ergreifend genug zu überleben. Und wenn man damit beschäftigt ist, setzt es eine*n natürlich unter enormen Druck, wenn zusätzlich auch noch gefordert wird, man möge dieses Geschenk des Universums doch bitte auch angemessen wertschätzen.

»Aber, aber, so eine Opferhaltung bringt dich doch nicht w-e-i-t-e-r!« Nun. Unter bestimmten Umständen ist es möglich, dass wir uns tatsächlich in einer Opferhaltung eingerichtet haben – weil wir uns mit bestimmten Gedanken und Geschichten überidentifizieren, ob unseren ganz eigenen oder solchen, die uns etwa von unserer Herkunftsfamilie vermittelt wurden. Dazu später mehr. Spielen bei diesem Opferstatus aber strukturelle Diskriminierung, Marginalisierung oder etwa Gewalterfahrungen eine Rolle, dann *sind* von Diskriminierung und/oder Gewalt betroffene Personen schlicht und ergreifend Opfer. Sie *machen* sich nicht dazu, auch dann nicht, wenn sie diesen Status benennen – im Gegenteil, denn indem sie das tun, schaffen sie eine Grundlage für Veränderung. (Es ist jedoch *keine Voraussetzung*, sich mit dem Begriff »Opfer« zu identifizieren – manche Menschen tun das nicht, und das ist völlig in Ordnung.)

Auch hier gilt: Nein, »Fülle«, »Lebensfreude« und »Leichtigkeit« sind nicht einfach bloß eine Frage der Einstellung. Und sich »aus der Komfortzone« herauszutrauen, mag möglich sein, wenn für sämtliche Grundbedürfnisse gesorgt ist und man sich generell sicher fühlt – für Menschen, die aber zum Beispiel ein Trauma mit sich herumtragen, ist das nicht mal eben so machbar. Denn sie ziehen sich in diese »Komfortzone« nicht ohne Grund oder aus reiner Bequemlichkeit zurück, sondern um zu überleben.

Bei all diesen unterschiedlichen Ausgangspunkten, Lebenssituationen und Erfahrungen ist es aber auch wichtig anzumerken, dass selbst ein Dasein mit den allermeisten Privilegien, finanzieller Sicherheit oder einem bestimmten Beziehungsstatus nicht automatisch bedeutet, dass eine Person zufrieden oder glücklich ist.

Was macht denn nun also glücklich? Oder eher – warum jagen wir diesem Glück so krampfhaft hinterher? Klar, es gibt hin und wieder Umstände, Begegnungen, Erlebnisse, Momente und Dinge, die uns glücklich machen – und zweifelsohne ist es ziemlich beschissen, wenn man so etwas über längere Zeit nicht erlebt hat –, aber es gibt *nichts*, wirklich nichts auf der Welt, das dafür sorgen könnte, dass wir fortan nur noch und ausschließlich und bis in alle Ewigkeit glücklich sind, kein Leid mehr erleben und keinen Verletzungen oder schmerzhaften Erfahrungen mehr ausgesetzt sind. Es dauerhaft komfortabel und bequem zu haben, ist nicht unser natürlicher Status – das ist einfach nicht vorgesehen für das menschliche Dasein.

Das bedeutet im Umkehrschluss aber nicht, dass wir alle ordentlich leiden sollen, solange wir leben, oder dass so etwas wie ein Gefühl von Leichtigkeit oder Gelassenheit gar nicht existiert. Denn das tut es! Und es hat – mehr als dass es an unsere Umgebung oder bestimmte Umstände gebunden ist – tatsächlich viel mehr mit so einer Art innerer Orientierung zu tun. Damit, dass wir uns selbst erlauben zu sein, zu *existieren*. Diese Gelassenheit ist nicht gleichbedeutend mit pausenlos guter Laune, sondern meint in erster Linie, dass es uns möglich ist, durch die ganze große Vielfalt menschlicher Gefühle zu navigieren, ohne dabei irgendwo verloren zu gehen.

Wie kriegen wir das nun aber hin? Muss ich, um mich in meiner Mitte zu verankern, nicht doch auf die »Alles ist gut«-Taktik zurückgreifen? Oder mir unentwegt das Mantra »Ich bin genug« vorsagen? Hm, lass uns genau hier loslegen:

»ICH BIN GENUG«

Um diese geflügelte Phrase kommen wir, sobald es um Yoga, Achtsamkeit und Heilung geht, nicht herum – und auch sonst begegnet sie uns überall. Wahrscheinlich hast auch du schon mal diesen überaus nett gemeinten Tipp bekommen, dir bei Problemen jeglicher Art einfach zu sagen, dass du – genau so, wie du bist – genug bist. Gern in Dauerschleife, gern als Notiz an den Spiegel geklebt. Klar klingt das auf den ersten Blick besser als das übliche »Ich bin nicht schön/klug/gut/schlank/gesund/xyz genug«, das man sich ansonsten so an den eigenen Kopf wirft, aber ob es tatsächlich weiterhilft – daran habe ich meine Zweifel.

Denn wenn ich aus tiefstem Herzen fühle oder mir auffällt, dass ich in Bezug auf was auch immer nicht genug bin – dass ich vielleicht wirklich nicht genug Zeit für mich selbst, meine Kinder oder meine*n Partner*in habe, dass ich mich als nicht schön genug für was auch immer empfinde –, dann kommt es einer ziemlich platten Lüge gleich, wenn ich mir einfach stur das Gegenteil einrede. Was ich allerdings versuchen könnte, ist, den Druck aus alldem herauszunehmen: Vielleicht bin ich wirklich nicht genug, aber hey, was wäre denn, wenn das ... gar nicht so schlimm wäre? Oder vielleicht sogar okay? Vielleicht bin nämlich nicht *ich* das Problem, sondern die hohen Erwartungen, die ich an mich selbst habe? Die mein Umfeld oder die Gesellschaft mir vermitteln? Ja, für die bin ich möglicherweise nicht genug. Ich entspreche nicht genug der Norm. Aber muss ich mir diese Norm denn selbst zum Ziel setzen?

Stark vereinfachtes Beispiel: Wenn ich mir vorgenommen habe, jeden Tag spazieren zu gehen, es de facto aber nur jeden dritten Tag mache, dann spaziere ich nicht genug im Hinblick auf mein Vorhaben. Und dann bringt es auch nichts, mir einzureden, dass ich – doch, doch! – genug spazieren gehe. Im Hinterkopf sitzt ja nach wie vor das Wissen darum, dass ich es eigentlich jeden Tag tun wollte. Deswegen fühle ich mich nicht nur mies, sondern kaufe mir dieses »Doch, doch« höchstwahrscheinlich nicht einmal ab.

Hingegen hilfreich und möglicherweise einen Versuch wert könnte es sein, einfach meinen Plan anzupassen – und mir zum Beispiel vorzunehmen, statt jeden Tag zunächst zweimal pro Woche spazieren zu gehen.

Sicher wird das komplizierter, sobald es um Dinge oder Zustände geht, die ich nicht so leicht beeinflussen kann – wenn ich mich zum Beispiel als nicht leistungsfähig genug, nicht schön oder schlank genug wahrnehme –, aber auch hier spielt die Frage nach dem Maßstab eine wichtige Rolle. Nicht schön genug *wofür*, gemessen *an was?* An gesellschaftlich vorherrschenden Normen, an Erwartungen anderer Menschen an mich? Wenn ich mir diese auch in meinem eigenen Denken verinnerlichten Normen bewusst mache, kann das schon dabei helfen, den Maßstab für mich neu zu definieren. Oder mir eben einfach zu sagen: Tja, nein, ich mag nicht schlank genug sein *für diese abstrusen Normen,* aber was soll's? Denn daran hängt ja nicht mein Wert.

Sich von dieser Tatsache zu überzeugen, ist zugegebenermaßen kein leichtes Unterfangen in einer Gesellschaft, in der insbesondere weiblich gelesene Körper permanent bewertet und stigmatisiert werden. Und selbst wenn ich persönlich davon überzeugt *bin,* schützt mich das nicht automatisch vor unangemessenen und gewaltvollen Kommentaren sowie Bodyshaming durch andere – es kann aber einen Teil dazu beitragen, dass ich mich zumindest besser von diesen Situationen abzugrenzen lerne.

So ein Abgrenzen (mehr dazu übrigens im entsprechenden Kapitel) meint jedoch nicht, dass ich mich stillschweigend damit zufriedengebe, halt einfach »nicht genug« zu sein. Es bedeutet auch nicht, dass ich übergriffige Kommentare oder gar die Normen an sich völlig kritiklos hinnehme – es heißt lediglich, dass ich eine distanziertere Haltung ihnen gegenüber einnehme und sie mir dadurch nicht mehr so nahegehen. Und auf diese Weise helfe ich mir selbst mehr, als wenn ich mich immer angestrengter davon zu überzeugen versuche, auch ja genug, genug, genug zu sein.

Und apropos ...

HILFE UND SELBSTHILFE

Ohne Frage ist es gut, wenn ich mir selbst helfen kann. Wenn ich es mir zugestehe, bestimmte Bedürfnisse zu haben, wenn ich herausfinde und ein Verständnis dafür entwickle, was genau eigentlich diese Bedürfnisse sind und wie ich sie in welcher Situation am besten einordnen und befriedigen kann. Aber, kleine Erinnerung, das ist absolut und total individuell. Was mir hilft, muss nicht zwangsläufig auch dir helfen. Und was dir hilft, das wirst genau du am besten wissen oder in Erfahrung bringen können – dafür brauchst du keinen Guru, keinen vermeintlichen Supercoach, keine selbst ernannte Heilerin und vielleicht nicht einmal ein Buch.

Allerdings sollte sich selbst zu helfen niemals als ein Ersatz für ärztliche oder therapeutische Hilfe und Betreuung betrachtet werden. Kombinierbar ist das alles auf jeden Fall! Wir alle haben aber immer die Möglichkeit, uns die Unterstützung von außen dazuzuholen, die wir brauchen – ob nun von Psycholog*innen, Vertrauenspersonen oder in Selbsthilfegruppen –, denn manchmal kann es leichter fallen, nicht mit ausgebildetem Fachpersonal zu sprechen, sondern sich mit Menschen zu vernetzen und auszutauschen, die ähnliche oder die gleichen Erfahrungen gemacht haben wie wir selbst.

Grundsätzlich gilt: Unter gewissen Umständen reicht es nicht aus, wenn wir uns selbst ganz auf uns allein gestellt helfen wollen. In diesem Fall ist es ein erster Schritt auf dem Weg der Selbstfürsorge, diese Tatsache anzuerkennen und uns Hilfe zu suchen. Uns Freund*innen anzuvertrauen, eine*n Ärzt*in um Rat zu bitten, eine*n Therapeut*in zu suchen. Wenn du dir einen Knochen brichst, versuchst du das ja auch nicht allein in den Griff zu kriegen. Oder Zahnstein! Den lässt du dir doch auch von einer Person entfernen, die das professionell beherrscht. Wir brauchen schlicht und ergreifend manchmal Hilfe, das ist einfach ein Fakt. Und sie in Anspruch zu nehmen, ist niemals ein Zeichen von Schwäche, sondern ganz im Gegenteil: eins von Stärke.

Ich weiß aber natürlich, dass sich die gesellschaftlich in uns hineingepflanzte Scham, die wir mit der Inanspruchnahme von Hilfe verbinden, nicht einfach ausknipsen lässt. Wir sollten uns also keine Vorwürfe machen, wenn es uns trotzdem schwerfällt, nach Hilfe zu fragen. Allein das – uns deswegen keine Vorwürfe zu machen – ist ein wichtiger Schritt, so winzig und banal er uns auch vorkommen mag. Ein weiterer Schritt kann es dann sein, uns bewusst zu machen, dass nicht *wir* das Problem sind – die Normen und Strukturen unserer Gesellschaft sind das Problem. Erinnere dich daran, immer wieder aufs Neue: Du bist nicht das Problem! Oder auch: Du magst zwar *nicht genug für* ... sein, aber das ist nicht deine Schuld. Und: Du. Bist. Nicht. Das. Problem.

Egal wie schlecht es dir geht, wie mies du dich fühlst, wie sehr du auf Hilfe angewiesen sein magst – du bist weder »kaputt« noch »beschädigt« oder »gestört«, sondern normal. Ein Mensch. Und Menschen brauchen eben hin und wieder Hilfe. Was jedoch nicht normal ist oder es zumindest nicht sein sollte, ist eine Gesellschaft, die uns eintrichtert, um Hilfe zu bitten, sei ein Zeichen von Schwäche – und die Schwäche an sich sowieso zum Allerschlimmsten überhaupt auserkoren hat. *Da* liegt der Fehler. Nicht bei dir.

ANFANGEN

Die Gründe, aus denen wir oftmals alles beim Alten belassen und nicht einfach so mir nichts, dir nichts *anfangen*, sind vielfältig. Es liegt aber in der Regel nicht daran, dass wir gar nicht erst bemerken würden, dass irgendetwas nicht stimmt – im Gegenteil, denn vermutlich kennst du auch dieses diffuse Verlangen nach Veränderung irgendeiner Art, oder nicht? Dieses Gefühl festzustecken, blockiert zu sein, dass dir irgendwie die Leichtigkeit abhandengekommen ist. Unzufriedenheit, Motivationsschwierigkeiten, möglicherweise Schlafprobleme oder unter gewissen Bedingungen stechende Kopfschmerzen. Vielleicht ahnst du sogar, woher das alles rühren könnte – du arbeitest zu viel und bist einfach überbelastet, du stehst unter Druck und hast Angst, Fehler zu machen, vielleicht fürchtest du auch, einfach niemals ausreichend Geld, Erfolg oder so was wie Glück zu haben.

Du hast vielleicht sogar schon mal versucht, etwas gegen dieses diffuse Unwohlsein zu unternehmen, sei es mithilfe deines favorisierten Verdrängungsmechanismus oder eben mit einer dieser angepriesenen Methoden (du weißt schon: Yogakurs, Dankbarkeitstagebuch etc.) – und es hat nicht geklappt. Allein eine solche Erfahrung des vermeintlichen Scheiterns genügt schon, um uns einen ordentlichen Strich durch die Motivationsrechnung zu machen. Warum etwas ausprobieren, das uns nur glücklich machen *könnte*, aber keine Garantie für dieses Glück darstellt, warum Energie für etwas aufwenden, das mit großer Wahrscheinlichkeit schiefgehen wird?

Weiterzumachen wie bisher, ist da ganz einfach die weniger anstrengende Option. Das menschliche Hirn liebt, was es schon kennt. Alte Gedankenmuster und tief verankerte Routinen aufzubrechen oder gar neue zu etablieren, verbraucht viel mehr

Energie, als alles beim Alten zu belassen – egal wie unwohl man sich damit auch fühlen mag.

Also: Die Angst vor einem (erneuten) Scheitern hält uns entweder gleich vom Anfangen ab oder sorgt zumindest für eine Extraportion Druck, ganz nach dem Motto: »Wenn's wieder nichts wird, dann ist wirklich alles verloren!« Auch das ist natürlich nicht unbedingt die beste Motivation.

Um dich vorm Scheitern und vor zu viel Druck zu bewahren, das diffuse Veränderungsverlangen aber nicht komplett verwerfen zu müssen, kannst du dich in solchen Momenten einfach auf später vertrösten – die klassische Wenn-dann-Situation. Du sagst dir, dass du *jetzt gerade* noch nicht anfangen kannst, weil ... du dich noch nicht bereit fühlst. Weil die Umstände gerade nicht passen. Weil du momentan wirklich keine Zeit hast. Wenn du aber erst mal diese anstrengende Phase durchgestanden/den Job gewechselt/eine*n Partner*in gefunden/ dich verändert hast, wenn du erst mal umgezogen bist, mehr Geld verdienst, wenn wir endlich im Zeitalter wahrhaftiger Geschlechtergerechtigkeit leben oder wenn halt wieder besseres Wetter ist, dann fängst du an – ganz bestimmt.

Darauf zu warten, dass sich dieses Mangelgefühl – denn um nichts anderes handelt es sich dabei – irgendwann von selbst in Luft auflöst, dass alles um dich herum und in deinem Inneren zu einhundert Prozent stimmt, wird dich für immer vom Anfangen abhalten. Es wird niemals alles perfekt sein, du wirst nicht eines Morgens aufwachen und dir denken: So, und da ist er endlich, der perfekte Tag, an dem ich mich so was von bereit fühle, all meine Probleme anzugehen und mich zum Positiven zu verändern, los geht's! Den perfekten Zeitpunkt gibt es nicht – aber die gute Nachricht ist: Jeder Zeitpunkt ist exakt gleich gut. Es ist nie zu früh anzufangen, und es ist auch nie zu spät.

Und ja, Anfangen ist tatsächlich auch immer mit einem gewissen Risiko verbunden. Denn lass' uns ehrlich sein – all die Bewältigungsmechanismen und Verdrängungsstrategien existieren ja nicht zum Spaß. Sie haben sich bewährt und mitunter unser Überleben gesichert. Eine Auseinandersetzung mit uns selbst, wie sie Voraussetzung für radikale Selbstfürsorge ist, ist immer auch eine Auseinandersetzung mit dem, was wir aus guten Gründen verdrängen. Dass das Angst machen kann, ist mehr als nur verständlich. An dieser Stelle noch einmal: Wir müssen das nicht allein machen, wir können/dürfen/sollen unbedingt die Hilfe in Anspruch nehmen, die wir brauchen!

Grundsätzlich musst du aber auch nicht vollkommen frei von Angst sein, um anzufangen – es reicht, wenn du mutig bist. Und Mut bedeutet nun einmal nicht, keine Angst vor etwas zu haben, sondern es *trotzdem* zu tun. Den Ängsten zum Trotz.

Eine Möglichkeit ist es, dass du im allerersten Schritt versuchst, dein Gehirn auszutricksen und diese Ängste – vor dem, was passieren könnte, oder vor dem Scheitern – umzuwandeln in Neugier und Ungewissheit (so seltsam sich das auch erst mal anhören mag). Statt dir zu sagen, dass es auf jeden Fall sehr schrecklich werden oder dass du ganz selbstverständlich versagen wirst, sag dir einfach: Wer weiß?! Vielleicht werde ich es schaffen, vielleicht auch nicht, möglicherweise wird es unangenehm, ich weiß es nicht, ich kann's nicht wissen – aber ich werd's herausfinden.

Und: Babyschritte. Ich kann das nicht oft genug betonen. Babyschritte, Babyschritte, Babyschritte. Es ist so was von überhaupt nicht schlimm, langsam und mit den vermeintlich kleinsten Kleinigkeiten anzufangen. Ich meine, wie oft scheitert ein Vorhaben allein daran, dass es eine Nummer zu groß ist? Kleine Erinnerung – du kannst dein Ziel und deinen Maßstab jederzeit anpassen. Dann ist es halt nicht jeden Tag ein Spaziergang, sondern »nur« zweimal die Woche – was soll's?

»Ab morgen meditiere ich täglich eine Stunde« mag sich auch nicht so leicht in die Tat umsetzen lassen – dir vorzunehmen, nach dem Zähneputzen immer noch zwei Minuten lang vorm Waschbecken stehen zu bleiben und tief in den Bauch ein- und auszuatmen aber vielleicht schon. Sowieso ist es ein kleiner Trick, neue Gewohnheiten einfach an bereits existierende anzuschließen – eine Atemübung nach dem Zähneputzen oder während der Kaffee durchläuft. Dich nach dem Duschen etwas dehnen. Jedes Mal, wenn du zur Toilette gehst, im Anschluss ein großes Glas Wasser trinken. Nach dem Mittagessen erst mal fünf Minuten Tagebuch schreiben. Oder was auch immer dir einfällt.

Falls du jetzt denkst: Oh Gott, ernsthaft? Wasser trinken und ein bisschen dehnen, das ist es, was ich mir beibringen soll? – keine Sorge, diese Taktik lässt sich natürlich auch auf größere Vorhaben beziehen (wobei, ganz ehrlich: ausreichend hydriert zu sein, ist fürchterlich unterschätzt!). Sie besteht nämlich, einmal heruntergebrochen, aus einem Versprechen dir selbst und dem Experimentieren gegenüber.

Ich habe oft genug zynische Kommentare darüber gehört oder gelesen, wie absolut lächerlich der Vorschlag doch sei, jeden Morgen erst mal das Bett zu machen, damit man »schon etwas geschafft« hat – aber mal ganz davon abgesehen, dass es für einige Menschen in einigen Situationen einfach tatsächlich schon eine Leistung sein kann, das Bett überhaupt zu verlassen – irgendwo musst du doch anfangen! Es geht ja nicht darum, dass dein Leben künftig nur noch daraus bestehen soll, das Bett zu machen und im Anschluss die Füße hochzulegen. Es geht um kleine Veränderungen, auf die dann eventuell größere folgen können. Es geht darum, zunächst mal ein vertrauensvolles Verhältnis zu dir selbst aufzubauen. Ach, guck an, ich schaffe es also, jeden Morgen mein Bett zu machen/mehr Wasser zu trinken/zwei Zigaretten weniger zu rauchen/eine halbe Seite Tagebuch zu schreiben? Okay, lass mal schauen, was noch so drin ist.

Und selbst wenn du zwischendurch »vom Weg abkommst« – das ist kein Weltuntergang. Das ist kein Scheitern. Erinnere dich einfach daran, dass es ein Experiment ist – und die Bedingungen und Regeln legst *du* fest. Du kannst sie jederzeit verändern und neu aufstellen. Du kannst Tempo und Intensität anpassen. Das ist allein deshalb schon wichtig, weil ganz einfach nicht jeder Tag gleich ist. Du bist nicht durchgehend auf ein- und demselben Level, du bist mal müder, mal fitter, mal besser und mal schlechter gelaunt, der Zugang zu deinen Gefühlen fällt dir mal leichter und mal schwerer. Das Wetter, die Tages- und Jahreszeit können eine wichtige Rolle spielen. Falls du menstruierst, hat auch das einen mehr oder weniger großen Einfluss auf deine Stimmung und Energie, abhängig davon, in welcher Zyklusphase du dich gerade befindest. Allein das auf dem Schirm zu haben, kann es dir leichter machen. Wie oft ich mich schon rundum elend gefühlt und mich gefragt habe, woran zur Hölle das nur liegen könnte – bis ich in meinen Kalender geschaut oder schlicht und ergreifend, nun ja, angefangen habe zu bluten.

Aber auch ganz grundsätzlich zu üben, etwas verständnisvoller und nachsichtiger mit dir selbst zu sein und nicht jeden Tag Höchstleistungen von dir zu erwarten, ist ein ganz hervorragender Startpunkt für mehr Selbstfürsorge.

NEUE STANDARDS: FÜHL GEFÜHLE!

Erinnerst du dich noch ans spirituelle Gaslighting? Streng genommen kommt das nicht nur in der *Good-vibes-only*- und Esoterik-Ecke vor, sondern auch, nun ja, in unserer kompletten Gesellschaft. Von klein auf wird uns eingetrichtert, dass mit uns etwas nicht stimmt, wenn es uns schlecht geht. Schon Kinder sollen sich »nicht so anstellen«, »keinen Schmerz kennen« und, ganz wichtig, »nicht weinen!«. Auch wütend sein – »das macht man nicht!«. Wenn Kinder von der Schaukel fallen oder sich erschrecken, ist »alles nicht so schlimm!«. Hinter diesen Aussagen steckt meist keine böse Absicht, sondern bloß das gut gemeinte Bestreben, die Kleinen zu beruhigen. Keine Panik auf der Titanic. Schnell wieder zurück zum Normalzustand – und der hat eben wenig mit starken Emotionen zu tun. Und klar, wenn ein Kind sich erschreckt, weil jemand einen seltsam großen Sonnenhut trägt, oder wenn es sich beim Herumtoben den Kopf anstößt, dann mag da rein objektiv betrachtet wirklich kein Grund zur Panik vorhanden sein. Das ändert aber nichts daran, wie besagtes Kind solche Situationen wahrnimmt und welche Empfindungen dadurch in ihm losgetreten werden. Und hier wird's schnell verwirrend: Wenn ich etwas als bedrohlich oder schmerzhaft empfinde, mir aber gesagt wird, dass »alles gut« ist und es »keinen Grund zu weinen« gibt – was dann? Dann werde ich im schlimmsten Fall irgendwann anfangen, mir zu misstrauen, derlei schlechte Gefühle als persönliches Versagen zu deklarieren, sie in Folge entweder komplett für mich zu behalten oder sie sogar vor mir selbst zu verdrängen.

Nicht zu vergessen ist hierbei natürlich auch der genderspezifische Unterschied – es sind vor allem Jungs beziehungsweise männlich gelesene Personen, denen vermittelt wird, dass sie gefälligst nicht zu weinen, keine Schwäche oder Gefühle zu zeigen haben. Und Mädchen beziehungsweise weiblich gelesenen Personen wird nicht selten nahezu automatisiert die Aufgabe zugeteilt, fürsorglich zu sein, andere zu trösten, und wenn's bloß die Puppe ist – »mach ei, ei, ei!«. Im Erwachsenenalter setzt sich das fort, wenn es etwa in heterosexuellen Beziehungen noch immer mit viel zu großer Selbstverständlichkeit die Frauen sind, an denen der größere Anteil der Care-Arbeit hängen bleibt – und diese ist auch mit einem ganzen Haufen *emotionaler* Arbeit verknüpft. Es sollte einleuchten, dass etwa Kinderbetreuung und die Pflege Angehöriger grundsätzlich auch emotionale Arbeit darstellen, aber sie umfasst sogar noch viel mehr – beispielsweise das Ansprechen und Lösen von Konflikten und Beziehungsproblemen oder sich darum zu bemühen, alle Familienmitglieder (oder Mitbewohner*innen) bei Laune zu halten. Und letztlich sogar die quasi stellvertretende Verarbeitung von Gefühlen für den Partner, dem man einst den patriarchalen Bären aufgebunden hat, dass er allein aufgrund seines Mannseins einfach nicht sonderlich emotional beziehungsweise dass der Ausdruck von Emotionen etwas »Unmännliches« sei.

Aber auch ganz grundsätzlich – und mehr oder weniger unabhängig von tradierten Geschlechterrollen – setzt sich die Zensur unserer kindlichen Gefühle nahtlos im Erwachsenenalter fort. Zeigen wir eine emotionale Reaktion, sind wir schnell »zu emotional«, »zu empfindlich«, einfach generell »zu viel« oder auch »nicht normal«. Wenn wir traurig, ängstlich, überfordert oder wütend sind, ist das unsere eigene Schuld und außerdem etwas, das wir schnellstmöglich zu richten haben, um dann wieder zu »funktionieren«. Denn ironischerweise funktionieren wir in unserer Gesellschaft genau dann »absolut richtig«, wenn wir uns an diesen Appell halten und uns bemühen, uns auch ja nichts anmerken zu lassen von unseren Gefühlen und einfach so weiterzumachen, als wäre nichts – nicht falsch verstehen, ich meine »absolut richtig« hier im kapitalistischen Sinne. Wir funktionieren, wenn wir uns zusammenreißen, uns durchkämpfen, um den Laden am Laufen zu halten. Um »ganz normal« arbeiten und um weiterhin brav konsumieren zu können. Aber wir funktionieren eben innerhalb eines Systems, das uns ausbeutet, in dem Kapital und Profit einen höheren Stellenwert haben als das Wohlergehen der Menschen und das deswegen auch zutiefst ableistisch ist. Der Wert einer Person wird an ihrer körperlichen und intellektuellen Leistungsfähigkeit festgemacht, an ihrer psychischen Immunität. Und deswegen sollen wir uns »optimieren«, immer noch mal mehr aus uns herausholen, denn wir wollen doch wohl dazugehören – oder nicht?

Die Sache ist jedoch: Dich ängstlich, wütend, verzweifelt, überfordert, traurig, beschämt, erschöpft, frustriert, besorgt, hoffnungslos, unsicher, enttäuscht, panisch oder einsam zu fühlen, ist nicht unnormal. All das gehört zur riesigen Palette an Gefühlen, die das menschliche Dasein mit sich bringt! Nicht alles davon ist sofort pathologisch. Und selbst wenn es pathologisch ist, du also zum Beispiel unter einer psychischen Erkrankung leidest, wird es dadurch nicht unnormaler. Ich meine: Auch eine Magen-Darm-Grippe macht dich ja nicht zu einem unnormalen Menschen. Und genauso wie diese ist auch eine psychische Erkrankung letztlich eine Reaktion deines Körpers – auf Erfahrungen, Umstände, Gedanken, Einflüsse und einiges mehr. Und zwischenzeitlich eine oder gleich mehrere dieser vermeintlich negativen, schlechten Emotionen zu empfinden – also bitte, schau dich einfach mal um! Wir haben und machen alle Erfahrungen, die mehr oder weniger schmerzhaft sind, wir existieren alle in dieser Welt und bekommen mit, was um uns herum geschieht, wir konsumieren Nachrichten, so viele Nachrichten – es ist *kein Wunder,* dass wir emotional reagieren! Nichts davon ist unbegründet oder irrational – nein, auch Angst nicht, denn Angst ist schlicht und ergreifend eine Reaktion unseres Körpers auf unser intrinsisches Bedürfnis, uns sicher zu fühlen – oder wie die buddhistische Nonne Pema Chödrön es ausdrückt: »[...] es ist nicht schlimm, dass wir, konfrontiert mit Unbekanntem, Angst empfinden. Es ist Teil des Lebendig-Seins, etwas, das wir alle miteinander teilen.«[7]

Fakt ist: Wir haben nichts, wirklich gar nichts gewonnen, wenn wir sämtliche als unangenehm, unangebracht und schlecht bewerteten Gefühle bloß verdrängen und ignorieren. Die gehen davon nicht weg. Und das sollen sie auch überhaupt nicht – sie sind ja schließlich auch nicht grundlos da. Und außerdem, wenn wir uns darum bemühen, *unangenehme* Gefühle zu vermeiden, dann wirkt sich das über kurz oder lang auch auf all die eher *angenehmen* Gefühle aus. Nicht dass sie komplett verschwinden würden, aber es ist eben nicht möglich, bloß einzelne, bestimmte Emotionen stumm zu schalten – wir nehmen dann einfach *alle* nicht mehr so richtig wahr, in all ihrer Intensität, oder entwickeln eine Art grundsätzliche Angst davor, auch nur *irgendetwas* zu fühlen.

Zunächst einmal sind Gefühle ja ganz einfach: Information. Du fühlst dich hungrig, durstig oder müde? Dir ist zu kalt? Herzlichen Glückwunsch, du empfindest Empfindungen, du fühlst Gefühle, decodierst und verstehst sie auf einer intellektuellen Ebene und kannst im Anschluss handeln: dir ein Brötchen schmieren, ein Glas Wasser trinken, schlafen gehen oder einen Pulli überziehen. Klar, überlebenswichtige Grundbedürfnisse zu erkennen, ist, nun ja, überlebenswichtig und gelingt den meisten von uns recht gut. Es ist aber genauso möglich, auch andere Gefühle zuzulassen, ihnen gewissermaßen zuzuhören, sie zu decodieren und entsprechend zu reagieren – und uns so nicht von ihnen beherrschen oder überwältigen zu lassen. Denn – Überraschung! – sämtliche Gefühle finden *in unserem Körper* statt! Ein paar Klassiker kennen wir sicherlich alle – die Wut im Bauch, den Kloß im Hals, das Gefühl der zugedrückten Brust, der abgeschnürten Luft und so weiter. Und trotzdem erschrecken wir oft, wenn wir eine körperliche Reaktion welcher Art auch immer vernehmen – denn hä, eigentlich hab ich doch nur Gefühle? Das hat doch nix mit dem Körper zu tun? Und andersherum verwechseln wir durchaus gern mal Gefühle mit Gedanken: »Ich fühle, dass meine Freundin mich angelogen hat«, »Ich fühle, dass ich nicht gut genug für diese Aufgabe bin«. Nicht dass es keinen Zusammenhang zwischen Gefühlen und Gedanken geben würde (und man nicht wirklich manchmal spüren kann, wenn man angelogen wird) – dazu gleich mehr –, aber ein wahrhaftiger Zaubertrick ist dies hier: Fühl deine Gefühle! Was bedeutet: Denke sie nicht! Fühle sie! Das berüchtigte Bauchgefühl, weißt du? Auch das meint in der Hauptsache, vom Denken ins Fühlen zu kommen. Vom Kopf in den Körper.

Leider gibt es keinen Schalter, den du bloß eben umzulegen brauchst, und schon fühlst du all deine Gefühle, als hättest du nie etwas anderes getan. Es ist Übungssache. Es ist ungewohnt – und möglicherweise auch unangenehm, unkomfortabel und schmerzhaft. (Auch hier gilt natürlich: Erlaube dir, dir gegebenenfalls Unterstützung und Hilfe zu holen!) Du verdrängst und betäubst nicht grundlos. Es ist ein Prozess – ein Teil des Prozesses, dich selbst besser kennenzulernen. Dabei wirst du auch feststellen, dass es nicht unwahrscheinlich ist, mehrere Gefühle zur selben Zeit zu fühlen – sogar vollkommen widersprüchliche. Das mag ein bisschen verwirrend sein, aber auch das ist normal – wir neigen bloß eher dazu, »positive« Gefühle bei zeitgleich empfundenen »negativen« Gefühlen auszublenden oder ihnen weniger Wert beizumessen. »Ich bin verliebt, *aber* ich habe Angst« – dabei sorgt Angst ja nicht automatisch dafür, dass wir weniger oder gar nicht mehr verliebt wären. Verliebt zu sein *und* Angst zu haben – das kann passieren! Auch wenn es vielleicht nicht das ist, was wir denken, in dieser Situation fühlen zu müssen.

Eine wichtige Sache, die eng mit der Wahrnehmung unserer Gefühle verknüpft ist, ist folgende: Es gibt immer nur das Gefühl (oder die Gefühle), das gerade da ist, das du gerade fühlst – und nicht das, das du fühlen *solltest*. »Ach, du Kacke, ich bin doch jetzt im Urlaub und sollte mich entspannt und frei und glücklich fühlen, aber ich fühle mich beschissen!«, »Ich sollte dankbar sein, aber ich bin wütend!« – tja! Wenn's so einfach wäre! Aber es hängt eben nicht ausschließlich an den äußeren Umständen, wie wir uns fühlen. Dieses »Ich *sollte* mich aber xyz fühlen« – du kannst es dir sicher schon denken – nützt uns aber leider überhaupt gar nichts. Und es verändert in der Regel auch gar nichts – also außer dass wir uns *noch schlechter* fühlen, weil wir uns ja soeben klargemacht haben, dass wir etwas falsch machen. Die Folge ist dann oft: Verdrängung, Ignoranz, eine Umgehung. Ein zähneknirschendes Draufbestehen: »Nein, nein, es ist wirklich alles super!«

Nachhaltiger wäre es, nicht so viel Energie ins Wegdrängen des vermeintlich Unerlaubten zu stecken, sondern lieber: fließen zu lassen. Dem »schlechten« Gefühl Raum zu geben – und zunächst einmal die Erlaubnis, überhaupt da zu sein. Also *da* ist es ja eh. Aber wenn wir es zulassen, es aushalten und keinen Widerstand leisten, dann wird es uns vielleicht darauf stoßen, woher es rührt – und wir können reagieren, handeln, etwas tun. Und es wird definitiv: vorübergehen. Das gilt im Übrigen nämlich für alle, alle, alle Gefühle: Sie sind vorübergehend. Ich weiß, manchmal ist das schwer zu glauben, aber es ist eine Tatsache! Nichts bleibt für immer. Alles ist temporär, und das ist gut.

Es wird sogar noch besser: Zu lernen, all unsere Gefühle zuzulassen und diesen Prozess bewusst zu durchleben – und das in einer Welt, in der das eigentlich nicht vorgesehen ist –, ist nicht nur ein rebellischer Akt, sondern letztlich antikapitalistische und feministische Praxis.

Denn auch Feminist*in oder Aktivist*in zu sein, bedeutet nicht, dass du dich die ganze Zeit über stark und selbstbewusst fühlen und laut sein musst – du darfst dir ebenso Verletzlichkeit und Schwächen zugestehen, darfst emotional und auch mal still sein. »Radical Softness as a Weapon«[8] (»radikale Sanftheit als eine Waffe«) nennt das Lora Mathis, queere*r Künstler*in aus den USA. Mathis schreibt: »Being soft does not mean you are any lesser. It means despite how difficult the world can be, you have held onto your capacity to feel.«[9] (Frei übersetzt: »Sanft zu sein, bedeutet nicht, dass du weniger bist. Es bedeutet, dass du es allen Widrigkeiten dieser Welt zum Trotz geschafft hast, dir die Fähigkeit zu fühlen zu bewahren.«) Das ist etwas Gutes, und darin liegt eine ganze Menge Stärke.

Und solange ein Gefühl eben noch nicht vorübergegangen ist, kannst du dich genau aufgrund dieser Fähigkeit praktischerweise folgender Superkraft bedienen: des Mitgefühls. Ja, Mitgefühl mit dir selbst. Teil davon ist schon, dich ganz einfach

GEFÜHLE SIND IM KÖRPER DRIN

nicht auch noch dafür zu verurteilen oder zu bestrafen, dass du fühlst, was du nun mal gerade fühlst.

MITLEID VERSUS MITGEFÜHL

Bei mir hat es eine Weile gedauert, bis ich den Dreh raushatte und den Unterschied zwischen Mitgefühl und Mitleid erkannt habe. Zum Beispiel war ich über Jahre hinweg superanfällig für alle existierenden Erkältungskrankheiten. Nasennebenhöhlenentzündung, Angina, Grippe – ich hatte sie alle, mehrmals im Jahr und meist sehr hartnäckig, inklusive Fieber und zehn Tagen Bettruhe. Selbstverständlich habe ich das gehasst – wer um Himmels willen würde es auch toll finden, mit Gliederschmerzen und verstopfter Nase herumzuliegen? Aber ich steigerte mich so richtig doll hinein in meine Misere, in meine Traurigkeit darüber, nicht fähig zu sein, meinen Alltag zu meistern (nicht zu »funktionieren«, du weißt schon), in die Enttäuschung über meinen Körper und mein Immunsystem, die mich *schon wieder* im Stich gelassen hatten. In die Angst, irgendetwas zu verpassen, den Anschluss zu verlieren, nicht mehr dazuzugehören, Auftritte und Lesungen absagen zu müssen und buchstäblich meine komplette Karriere zu vernichten und mein Leben zu versauen. Puh! Falls du dich je gefragt hast, wie es aussieht, in Selbstmitleid zu zerfließen – ungefähr so. All diese unangenehmen Gefühle versuchte ich, mit sämtlichen mir zur Verfügung stehenden Mitteln zu betäuben, zu überdecken: Schmerztabletten, sehr viel Zucker in allen möglichen Variationen und Binge-Watching, bis ich nicht mehr wusste, ob die

Kopfschmerzen schon vorher da gewesen oder erst durch das stundenlange Starren auf den Bildschirm entstanden waren.

Weil ich dieses Loch des Selbstmitleids als so unglaublich schlimm empfand, schmiss ich in Folge bei jedem Niesen, jedem Halskratzen, jedem winzigen Anflug von Unwohlsein sofort den Panikmodus an – fuck! Ich werde krank. War ja klar, so eine Scheiße, ich werd schon wieder krank. Dass sich das nicht unbedingt positiv auf meine Stimmung und Immunabwehr auswirkte, dass vielmehr ich gegen meinen Körper arbeitete als andersherum – hm, so in der Retrospektive ziemlich eindeutig.

Natürlich meine ich damit nicht, dass Krankheiten ausschließlich Kopfsache sind und es bloß ausreichend Willenskraft bedarf, um sie zu verhindern – das ist Quatsch. Worauf ich hinauswill, ist der Wechsel vom Mitleid zum Mitgefühl. Was bedeutet, mir mit einer Extraportion Sanftheit und Verständnis zu begegnen – gerade dann, wenn sich alles sowieso schon nicht so prickelnd anfühlt. In mich hineinzuhorchen, statt mich wütend und enttäuscht von Körper oder Gefühlen abzukapseln. Mir zu sagen: Okay, ich bin wohl ganz schön ausgeknockt gerade, unschön. Aber es wird vorbeigehen – und auch wenn mir das Angst einjagt, es stimmt einfach nicht, dass ich »mein ganzes Leben versaue«, nur weil ich mich ein paar Tage von einer Krankheit erhole. Oder: Oh, da ist ein Kratzen im Hals, womöglich ist das da nicht ohne Grund – ich mach mir einen Tee und fahre das Tempo ein bisschen runter. Es bedeutet, mir bewusst zu machen, dass sich die Dinge nicht zwangsläufig wiederholen müssen, bloß weil ich in der Vergangenheit eine bestimmte Erfahrung gemacht habe.

Und es bedeutet außerdem, ein Verständnis dafür zu entwickeln – und hiermit zurück zur immensen Bedeutsamkeit von

Gefühlen –, dass es letzten Endes *immer* um Gefühle geht. Wenn ich etwas vermeiden will, will ich letztlich ein bestimmtes *Gefühl* vermeiden. Wenn ich etwas haben, konsumieren, erreichen oder erleben will, hängt da an der Wurzel des Ganzen ebenfalls ein bestimmtes Gefühl. Ich möchte mir neue Klamotten kaufen? Klar ist es möglich, dass ich wirklich nichts mehr im Schrank habe, aber in der Hauptsache möchte ich mich dadurch doch irgendwie *fühlen*, oder? Dazugehörig, cool, selbstbewusst, schön oder ganz simpel: wohl. Mir etwas Neues zu gönnen, verschafft mir das Gefühl, dass ich etwas wert bin. Natürlich nicht, weil es in der Natur des Menschen liegt, erst durch teure Turnschuhe und schicken Lippenstift ein Gefühl von Wertigkeit oder gar Existenzberechtigung zu erfahren – nein, auch hier spielen der Kapitalismus und soziale Normen wieder eine ganz schön große Rolle. Wir haben das alles jedoch so sehr verinnerlicht, dass wir es bloß selten hinterfragen.

Wir gehen oft – bewusst oder unbewusst – davon aus, dass mit dem Erreichen eines bestimmten Zieles oder mit der Befriedigung eines bestimmten Verlangens auch automatisch bestimmte Gefühle einhergehen – etwa damit, eine*n Partner*in zu finden, einen Job zu ergattern, ein Kind zu bekommen, ein Haus zu besitzen, sich Urlaub leisten zu können, eine bestimmte berufliche Position oder einen bestimmten Status zu erlangen. Wir rechnen förmlich damit, uns pünktlich beim Erreichen sicher, gesehen, verstanden, zugehörig, angekommen, erfüllt, zufrieden, geliebt oder anerkannt zu fühlen, je nachdem. Wenn wir so ein Ziel dann aber *tatsächlich* erreichen, stellen wir oft fest, dass es ein Trugschluss gewesen ist und sich eben nicht automatisch bestimmte Gefühle einstellen (oder wenn, dann bloß für einen Sekundenbruchteil), und so suchen wir meistens sofort das nächste Ziel, dem wir hinterherjagen können.

Wie wir uns fühlen, ist nicht ausschließlich und vor allem nicht zwangsläufig abhängig von den äußeren Umständen, unseren Leistungen oder von gelebten Normen und gesellschaftlichen Standards. Selbst wenn wir vermeintlich »alles« haben, ist das kein Garant für Zufriedenheit – zumal dieser Zustand unheimlich schwer zu erreichen ist, weil, na ja: Kapitalismus! Wenn wir uns bewusst machen, dass unser so oft empfundenes Mangelgefühl nicht daher rührt, dass wir etwas falsch gemacht oder uns bislang nicht ausreichend angestrengt haben, kann das schon mal eine ganze Menge Druck rausnehmen. Selbst dann, wenn der Mangel sehr klar erkennbar ist – wenn wir zum Beispiel nicht genug Geld haben, um die nächste Miete zu zahlen. Das ist zweifelsohne eine beschissene Situation, für die wir erst mal eine kurzfristige Lösung brauchen – und um uns eine solche ausdenken zu können, ist es hilfreich, wenn wir uns nicht *zusätzlich* auch noch selbst für diese Situation verurteilen und uns mit Schuld dafür überhäufen, dass wir uns überhaupt erst in so einer misslichen Lage befinden.

Wie schon einmal erwähnt ist es natürlich nicht so, dass wir Gefühle nur und ausschließlich *fühlen* – nein, wir ordnen sie ein, decodieren sie, versuchen, sie zu verstehen. Wir denken, während wir fühlen, und wir fühlen, während wir denken. Was wir fühlen, triggert möglicherweise bestimmte Gedanken (meistens solche, die wir bereits kennen und die tatsächlich einmal in Zusammenhang mit dem entsprechenden Gefühl standen), und was wir denken, kann umgedreht dafür sorgen, dass wir bestimmte Gefühle fühlen.

Eine kurze Geschichte, die zeigt, dass deine Gedanken nicht immer ALLE wahr sein müssen:

WIE ICH MEINE SACHEN SEHE

WIE ANDERE MEINE SACHEN SEHEN

SPRACHE UND GEDANKEN

Ich bin Autor*in. Ich liebe Sprache, und ich finde Gedanken grundsätzlich gut – und ich weiß, was für eine enorme Macht sie haben können. Wir brauchen bloß an gendersensible oder diskriminierungskritische Sprache zu denken oder an unterschiedliche Arten der Formulierung (auch Framing genannt) – »Derzeit befinden sich sehr viele Menschen auf der Flucht, weil ihr Leben bedroht ist« erzeugt ein anderes Bild als die »Flüchtlingswelle«. Sprache ist nicht bloß ein praktisches Werkzeug, das wir zu kommunikativen Zwecken nutzen können, nein, sie ist fähig dazu, unsere Vorstellungskraft zu beeinflussen. Einmal heruntergebrochen: Sprache erzeugt Gedanken, Gedanken erzeugen Gefühle, Gefühle wiederum erzeugen andere Gedanken.

Und wie schon mal erwähnt kommt es nicht allzu selten vor, dass wir Gedanken und Gefühle miteinander verwechseln. Wir nehmen dann an, dass wir schön ordentlich *all the feels* fühlen, so wie's im Lehrbuch steht. Was jedoch stattdessen passiert, ist eine Überidentifikation mit diesen Gefühlen – und mit damit verknüpften Gedanken und Geschichten (etwa so wie bei Erkältungs-Svenja). Wir gehen davon aus, dass wir diese Gefühle, Gedanken und Geschichten *sind*, dass sie und *nur* sie uns ausmachen und die einzig gültige Wahrheit darstellen. »Ich werd immer sofort krank«, »Ich bin immer das Opfer«, »Ich kann niemandem vertrauen«, »Ich bin nicht gut genug«, »Ich gebe immer zu wenig«, »Alle anderen haben es immer leichter als ich« – so entstehen Muster und Glaubenssätze, von denen wir uns nicht so leicht wieder lösen können. Obwohl sie auf den ersten Blick durchaus ihre Berechtigung haben – denn wir haben die Erfahrung, die für die dazugehörigen Gedanken und Gefühle gesorgt hat, schließlich irgendwann mal gemacht –, entsprechen diese Überzeugungen jedoch in den allermeisten Fällen *nicht der gegenwärtigen Wahrheit*. Und können uns so eben langfristig blockieren und davon abhalten, andere, neue, möglicherweise bessere Erfahrungen zu machen. Es handelt sich dabei quasi um selbsterfüllende Prophezeiungen.

Natürlich lassen sich solche Glaubenssätze und gefühlte Wahrheiten nicht so mir nichts, dir nichts aufbrechen und verändern, erst recht nicht, wenn sie uns schon seit langer Zeit begleiten – aber möglich ist es allemal! Und ein erster Schritt auf diesem Weg kann sein, die betreffenden Glaubenssätze erst einmal als solche zu *identifizieren*. Eine Aufmerksamkeit zu entwickeln für wiederkehrende Gedanken und Gedankenspiralen und für deren Verknüpfung mit bestimmten Gefühlen. Dann kann ich mir nämlich sagen: Aha, schau an, da ist jetzt wieder diese Geschichte am Start in meinem Kopf – die kenn ich ja schon. Allein das kann bereits helfen – weil ich mich so nämlich nicht mehr mit dieser Geschichte überidentifiziere, sondern mich automatisch von ihr abgrenze. Sie ist nach wie vor da, aber ich *bin* sie nicht, sie beherrscht mich nicht, und ich weiß: Das ist nicht die ultimative Wahrheit über mich.

Diese Taktik lässt sich auf sämtliche Stimmen in unseren Gedanken anwenden. In der Psychologie spricht man von verschiedenen Persönlichkeitsanteilen – das innere Kind, der*die innere Kritiker*in und so weiter. Der Trick dabei ist, dass wirklich erst mal gar nichts verändert, sondern nur identifiziert und erkannt werden muss, um auf diese Weise Distanz zu schaffen. Die Autor*in Marlee Grace berichtet im Buch *How to Not Always Be Working*, dass es geholfen hat, dieser kritischen Stimme im Kopf einen Namen zu geben – Roger –, um sie so nicht nur besser identifizieren, sondern auch adressieren zu können.[10] Und ja, etwas konkret zu benennen, kann tatsächlich sehr wirksam sein, um Abstand dazu zu gewinnen – das kann sogar bei besonders kniffligen Fällen wie etwa dem Hochstapler*innen-Syndrom funktionieren!

DAS HOCHSTAPLER*INNEN-SYNDROM

Falls du mit diesem Begriff noch nie in Berührung gekommen bist – herzlichen Glückwunsch, bitte mach ganz genauso weiter wie bisher, und genieß es! Falls du diese extreme Variante des Selbstzweifels allerdings nur zu gut kennst, nun ja: Willkommen im Klub. Das Hochstapler*innen-Syndrom beschreibt diese fiesen Gedanken, die mir weiszumachen versuchen, dass ich eigentlich gar nicht *kann*, was ich so tue, dass ich alle anderen und mich selbst bloß betrüge, mir nur etwas vormache und für sämtliche mir zugeteilten Aufgaben weder befugt noch befähigt bin. Oh, und selbstverständlich auch, dass ich früher oder später auffliegen werde – es ist nur eine Frage der Zeit, aber es wird definitiv passieren, und es wird das Allerschrecklichste überhaupt sein.

Bedanken können wir uns für diesen überaus unnötigen Quatsch mal wieder bei – Überraschung! – Kapitalismus und Leistungsgesellschaft. Sicherlich haben auch patriarchale Strukturen ihre Finger im Spiel, aber die Gender-Komponente ist gar nicht so groß, wie man vielleicht erwarten würde (und wie ich es lange angenommen habe) – Frauen sind nicht so viel häufiger betroffen als Männer. Eine sehr viel größere Rolle spielen Klassenzugehörigkeit und/oder -herkunft. Grundsätzlich kann dieses Phänomen aber absolut jede Person treffen.

In meinem Fall bezieht sich das Hochstapler*innen- oder *Impostor*-Syndrom ganz klar aufs Schreiben. Damit birgt die Geschichte gleich eine gewisse Ironie, da ausgerechnet das die Sache ist, die ich am regelmäßigsten und längsten in meinem Leben mache – außerdem wird ordnungsgemäß folgendes Klischee erfüllt: Menschen, die schreiben oder in welcher Form auch immer künstlerisch tätig sind, zweifeln sowohl an sich selbst als auch an ihrer Kunst und fragen sich quasi durchgehend: »Ist das, was ich mache, auch nur *annähernd gut? Braucht* das überhaupt irgendwer? Gibt es nicht schon längst eine mehr als ausreichende Menge an Texten/Büchern/Musik/Bildern/Filmen/…, und zwar von Leuten, die es *auch tatsächlich draufhaben?* Warum sollte *ich* es also überhaupt weiter versuchen?«

Beth Pickens, die Autorin von *Your Art Will Save Your Life*, spricht in einer Folge ihres Podcasts *Mind Your Practice* darüber, dass es für Künstler*innen schlicht notwendig ist, künstlerisch tätig zu sein – denn es stellt eine ganz fundamentale Form der Selbstfürsorge dar, auch weil es eine Art ist, Gefühle und Informationen zu verarbeiten und auszudrücken. Das ist eine ebenso simple wie fantastische Antwort auf diese alles anzweifelnde Frage, warum wir es überhaupt weiter versuchen sollten: »Your art matters because your life matters.«[11] (»Deine Kunst ist wichtig, weil dein Leben wichtig ist.«) – Darum.

Und ja, Schreiben ist definitiv auch Selbstfürsorge für mich. Es begleitet mich schon so lange – seitdem ich es Ende 1997 gelernt habe, um genau zu sein –, gibt mir so lange schon Raum, ist so lange schon meine liebste Art zu reflektieren, mich kreativ auszuleben und, um Beth Pickens noch einmal zu zitieren, »to make sense of being alive«.[12] (Frei übersetzt:

»um Sinn aus meiner Existenz zu ziehen.«) Es ist allerdings auch genau deswegen stark mit meiner Identität verknüpft: Ich bin *die Person, die schreibt*. Wenn ich also, aus welchen Gründen auch immer, mal *nicht* schreibe oder es mir schwerfällt (was, um ehrlich zu sein, ziemlich häufig der Fall ist), dann bewege ich mich gleich gefährlich nah am Rand einer Identitätskrise. Zumindest wird mir das von meinem inneren Hochstapler*innen-Syndrom eingeredet – und hinzu kommt natürlich die Tatsache, dass ich nicht einfach nur *die Person bin, die schreibt*, sondern das sogar, um Himmels willen, beruflich mache! Ich bin mitunter finanziell davon abhängig. Nur logisch, dass damit ein noch größerer Druck einhergeht, genauso wie ein ganzer Haufen Ängste: vor Fehlern, vor dem Scheitern, dem Versagen, vor der damit verbundenen Scham und sämtlichen weiteren Konsequenzen. Und was soll ich sagen – einmal in dieser Spirale aus Nichtschreiben, Ängsten und dem Vergleich mit anderen angekommen, ist es absolut nicht leicht, da wieder herauszufinden.

Bemerkenswert ist, dass sich die mit dem Hochstapler*innen-Syndrom verknüpften Minderwertigkeitsgefühle und -gedanken nicht nur durch vermeintlich schlechte Erfahrungen oder durch einen *Mangel* verstärken, sondern auch durch *Erfolge*. Wir mögen zwar inmitten eines Mangelgefühls noch davon ausgehen, dass es ausgerechnet Erfolg und äußere Bestätigung sind, die uns letztendlich retten können – »Wenn ich erst mal eine gefeierte und bekannte Schriftsteller*in bin …!« oder, nicht ganz so hochtrabend, »Wenn dieser Text endlich veröffentlicht wird« –, aber sie sind es nicht. Die Autorin und Journalistin Dilek Güngör hat dieses Gefühl in einem Interview im *Missy Magazine* folgendermaßen beschrieben: »Du denkst, dieses Minderwertigkeitsgefühl braucht Zuspruch und Lob und Anerkennung, aber die Anerkennung fährt wie ein Zug auf einem anderen Gleis an dir vorbei, und du denkst nur: ›Hä?‹ und ›Ich fühl mich ja gar nicht besser.‹«[13]

Äußere Bestätigung oder Erfolg – wie auch immer der für uns aussehen mag – sind also schon mal nicht die Lösung des Problems. Nachvollziehbar, wenn wir uns in Erinnerung rufen, dass mit dem tatsächlichen Erfolgreichsein nicht zwangsläufig die Gefühle einhergehen müssen, die wir uns davon erhofft haben – oder die uns versprochen wurden. Außerdem trägt jeder Erfolg ja schon wieder einen neuen Mangel in sich: Es gibt immer, immer, immer andere Menschen, die *noch erfolgreicher, noch besser* sind als wir – orientieren wir uns also daran, wird unsere Leistung sowieso niemals ausreichen (und das ist gleich doppelt schade, weil der Erfolg dieser anderen doch eigentlich rein gar nichts *mit uns* zu tun hat). Und: Wenn wir Erfolg haben, dann kann dieser Erfolg natürlich auch wieder *aufhören*, und wahrscheinlich folgt dann sogar ein Misserfolg, denn – hier spricht wieder das Hochstapler*innen-Syndrom: Wie sollte es anders sein? Na ja, und ganz einfach – wenn nun die Welt unsere Hochstapelei und unser So-tun-als-ob bemerken wird und wir schlussendlich auffliegen – dann ist es natürlich *umso* schlimmer und peinlicher, wenn wir vorher auch bloß ansatzweise erfolgreich gewesen sind. Denn es gilt die Logik: Je größer unser Erfolg gewesen ist, entsprechend größer war auch unser Täuschungsversuch – richtig?

Das ist eine ganz schön ekelhafte und komplizierte Angelegenheit. Denn selbst wenn wir wissen, dass es das Hochstapler*innen-Syndrom *gibt*, heißt das nicht automatisch, dass wir uns selbst damit diagnostizieren und folgerichtig ein bisschen entspannen können. Nein, nein, wir wissen dann zwar, dass es das gibt, dass da viele Menschen wirklich drunter leiden – die Besten der Besten! –, aber bei uns selbst ist es halt einfach *real*, bei uns ist es was anderes, wir können *wirklich* nichts.

Genau das heulte ich 2018 gleich mehreren Freund*innen am Telefon in die Ohren – ein paar Wochen, bevor ich die finale Version des Manuskriptes für meinen zweiten Roman *Freiraum* abgegeben habe. Ich kam zu dem Zeitpunkt nicht weiter, hatte das Gefühl, mich komplett verzettelt und verrannt zu haben; ich schob Panik und griff auf die übliche Story in meinem Kopf zurück – ich würde mir jetzt dann doch endlich einen *richtigen* Job suchen müssen, und zwar dringend, denn ich hatte versagt; Autorin (zu der Zeit verwendete ich noch binärgeschlechtliche Bezeichnungen für mich), um Himmels willen, was hatte ich mir denn dabei gedacht, denn es lag ja auf der Hand, dass ich vollkommen unfähig war. »Ruhig Blut«, sagten meine Freund*innen, »das ist doch total normal?!« Und klar, ich hatte das ja auch schon von anderen Schriftsteller*innen und Kolleg*innen gehört, dass es diese Phase im Prinzip bei jedem Projekt mindestens dreimal gibt. – »Aber bei mir«, heulte ich, »bei mir ist es halt was anderes. Bei mir ist es *wirklich so*. Ich kann's wirklich nicht. Ehrlich. Es ist vorbei.« Nun ja, und wie gesagt: Ein paar Wochen später schickte ich das fertige Manuskript los, irgendwann erschien das Buch, ich schreibe heute noch immer, und auch ansonsten ist nichts Schlimmes geschehen.

Was also hilft? Das Gefühl aussitzen und abwarten, bis es vorüberzieht? Zähne zusammenbeißen und einfach weitermachen, gegen alle Zweifel und Ängste? Zugegebenermaßen habe ich keine allgemeingültige Lösung für dieses Problem gefunden, da es eine solche mit Sicherheit auch gar nicht gibt. Wir sind schließlich nach wie vor allesamt unterschiedliche Menschen mit unterschiedlichen Erfahrungen. Mir in meinem speziellen Fall als Autor*in hilft es ein wenig, ein anderes, von äußeren Bewertungen unabhängigeres Selbstverständnis von mir als schreibender Person zu entwickeln. Beispielsweise mithilfe der sogenannten Morgenseiten, einer Methode aus Julia Camerons Klassiker *The Artist's Way*. Das sind drei Seiten, die man jeden Morgen nach dem Aufwachen als Allererstes schreibt, noch bevor man Nachrichten liest oder mit der Arbeit beginnt – am besten per Hand, immer ungefiltert und – am wichtigsten! – ohne jeglichen künstlerischen Anspruch.[14] Wann immer ich jemandem von diesem Konzept erzähle oder es in Schreibworkshops vorstelle, werde ich gefragt, ob ich das denn tatsächlich *jeden Tag* mache, und meine Antwort nimmt hoffentlich etwas Druck raus: Nein, ganz sicher nicht. Aber es ist etwas, zu dem ich zurückkehren kann, wann immer ich das Gefühl habe, es zu brauchen.

Abgesehen davon ist eben nicht nur hilfreich für mich, mir regelmäßig bewusst zu machen, dass das Hochstapler*innen-Syndrom *existiert* und welche Gedanken und Gefühle damit verknüpft sind, sondern noch etwas tiefer zu graben: Vor welchen befürchteten Konsequenzen habe ich Angst und warum? Klar, ich will diese Erfahrung des Auffliegens natürlich nicht machen, ich will keine Betrügerin sein, logisch, denn darauf folgt vermutlich soziale Ächtung, ich werde ausgeschlossen, ausgegrenzt, ich verliere jegliche Verbindung zu allen anderen, bin dann allein und muss mich schämen. Und siehe da: Auch hinter dem Hochstapler*innen-Syndrom steckt letztendlich

Angst vor »negativen« Gefühlen – was ein bisschen absurd ist, denn davon auszugehen, nichts zu können, zu wenig zu wissen und bald aufzufliegen, fühlt sich jetzt auch nicht gerade großartig an. Der Unterschied ist aber, dass ich auf diese Weise die Kontrolle habe – oder vielmehr zu haben *glaube*. Denn so sind es ja zunächst einmal nicht *die anderen*, die meine Fehlerhaftigkeit aufdecken, die mir zu verstehen geben, dass ich etwas falsch gemacht habe – nein, nein, ich bin es selbst, ich komme ihnen allen zuvor! Wie schlau! Und siehe da: ein klassischer Schutzmechanismus.

Wenn ich mir diese Sache nun genauer angeschaut habe, kann ich anders damit umgehen, anders damit arbeiten. Erinnerst du dich an die alternative Sichtweise auf das *Genugsein?* Ans Anpassen der Ziele und Maßstäbe? Und außerdem daran, dass erstens deine Gedanken nicht immer wahr sein müssen, du zweitens nicht deine Gedanken *bist* und dass drittens *jedes Gefühl vorübergeht?* All das kann helfen, auch besser mit dem Hochstapler*innen-Syndrom zurechtzukommen.

Eine weitere Erzählung, die bei mir eng mit diesem Thema verknüpft ist, möchte ich dir nicht vorenthalten – unter anderem weil sie mir erst vor Kurzem so richtig eingeleuchtet ist (und weil sie sehr gut zum nächsten Kapitel überleitet): Mir ist aufgefallen, dass ich ungeheuer häufig sage, dass ich »gerade ganz schön im Stress« bin. Klingt zunächst nicht ungewöhnlich, und mit Sicherheit bin ich nicht die einzige Person, die so etwas sagt. Bloß sage ich es eben nicht nur, wenn ich wirklich viel zu tun und vielleicht sogar das Gefühl habe, nicht hinterherzukommen – ich sage das auch, wenn ich den ganzen Tag auf der Couch gesessen habe, also objektiv betrachtet genau null Komma null Stress vorhanden ist. Und zwar sage ich es, weil ich denke, es sagen zu *müssen*. Weil ich heimlich überzeugt davon bin, dass ich tatsächlich permanent Stress *haben muss*. Ich bin Autor*in, arbeite selbstständig, bin mein eigener Boss und kann mir meine Zeit frei einteilen – Jackpot! Oder? Ja, wäre da nicht die Tatsache, dass eben auch die Literaturbranche bloß innerhalb kapitalistischer Strukturen existiert und ein niemals endender Wettbewerb ist. Und wären da nicht das Hochstapler*innen-Syndrom, generelle Versagensängste und damit einhergehende Schuldgefühle, dass ich es mir rausnehme, »erlaube«, so zu leben, und das auch noch inklusive freier Tage zwischendurch. Und ich reagiere darauf (heißt: ich meine, es so kontrollieren zu können), indem ich mir einrede, dann doch zumindest permanent richtig viel Stress haben zu müssen. Sozusagen als Entschuldigung oder als Legitimation. Ist ja immerhin gesellschaftlich total angesagt, diese Sache mit dem Stress, oder? Wer Stress hat, kommt weiter, macht's richtig, hat eine offizielle Daseinsberechtigung.

Und, nun ja, apropos Macht der Gedanken – wenn ich mir nur lange genug einrede, richtig doll im Stress zu sein, mich so also von innen heraus unter Druck setze, dann bewirke ich irgendwann tatsächlich eine Reaktion in meinem Körper. Eine Stressreaktion. Überraschung!

STRESS

Ich denke, dass wir ein kollektives Problem haben – und zwar, dass wir »Stress« allesamt so ein bisschen missverstehen. Oder ihn zumindest nicht ganzheitlich betrachten.

Wenn mir zum Beispiel jemand rät, ich sollte dringend meinen Stress »reduzieren«, mir nicht so viel Stress »machen«, anders mit meinem Stress »umgehen«, ihn besser »managen«, dann klingt das so, als wäre dieser Stress auf jeden Fall komplett selbst verschuldet, komplett im Außen befindlich – und als hätte ich die Möglichkeit, bei Bedarf einfach ein bisschen an der Intensität herumzudrehen wie an einem Lautstärkeregler.

Außerdem verwenden wir das Wort »Stress« häufig synonym für ganz andere Dinge – für viel Arbeit beispielsweise. *Zu* viel Arbeit. Für einen eng getakteten Terminplan, für Konflikte, ein krankes Kind, für Ängste, für zu wenig Geld, anstrengende Kolleg*innen, eine Trennung, eine Autopanne, einen zu vollen Kalender, Schimmel im Badezimmer, Baustellenlärm, für Schlafmangel, gesundheitliche Probleme, Selbstzweifel, Zukunftsangst, einen anstehenden Umzug, Schulden, ein untragbares politisches Klima, die Begegnung mit einem übergriffigen Typen, eine traumatische Erfahrung – Moment mal, wie, aber das alles *ist* doch auch Stress, oder etwa nicht?

Genau – nämlich nicht. Das alles ist kein *Stress*, das sind *Stressoren*. Es sind die Gründe und die Auslöser für Stress – und damit für eine Reaktion *in unserem Körper*. Diese Reaktion besteht zunächst aus der Ausschüttung sogenannter Stresshormone: Adrenalin, Noradrenalin, Cortisol und so weiter. Und die sorgen in unserem Körper für Anspannung, Alarmbereitschaft, für steigenden Blutdruck, schnellere Atmung und den Modus: fliehen oder kämpfen! – Das wird dir sicherlich nicht alles völlig neu sein. Das Wichtige ist: Stress ist *in uns drin!*

Stressoren sind *um uns herum!* So einfach ist das, und so einfach ist es natürlich wieder mal nicht.

Zurück zu der Person, die mich anweist, doch bitte meinen Stress zu reduzieren. Oftmals bleibt es bei dieser recht unkonkreten Aufforderung, und ich muss rätseln, wie ich das denn nun anstellen soll – und so lande ich schnell bei den Auslösern. Bei den Stressoren. Ah ja, logisch, megaviel zu tun auf Arbeit, bitte sehr, da hab ich ihn also erwischt, den Stress! Im Idealfall belasse ich's nicht bloß bei dieser Erkenntnis, sondern unternehme etwas – gebe etwa Aufgaben ab, nehme mir einen Tag frei, melde mich krank, verschiebe eine Deadline, spreche mit Kolleg*innen. Und schon hab ich das Problem aus der Welt geschafft – ich habe meinen Stress reduziert.

Na ja, nicht ganz: Ich habe mich mit einem *Stressor* auseinandergesetzt. Oder anderes Beispiel: Da ist eine wichtige Deadline, auf die ich unter Druck hinarbeite. Ich weiß, es ist ein Ende in Sicht, ich muss schnell noch die letzten Korrekturen und Änderungen machen, notfalls ein paar Nachtschichten einlegen, und dann schaffe ich es tatsächlich, rechtzeitig fertig zu werden, und gebe ab, was auch immer abzugeben ist – der Stressor fällt also weg, juhu! Doch das bedeutet eben nicht, dass *auch der Stress selbst* einfach so von mir abfällt. Denn mit dem habe ich mich – in beiden Fällen – ja noch gar nicht auseinandergesetzt. Der ist nach wie vor in mir drin. In meinem Körper. Noch immer. Der sitzt da, der hängt da rum, der ist noch kein bisschen »reduziert«. Mein Körper befindet sich noch in Alarmbereitschaft, im sogenannten *Fight-or-flight-Modus*, bereit, zu kämpfen oder zu fliehen. Der *Sympathikus*, also das sympathische Nervensystem, läuft auf Hochtouren. Nicht falsch verstehen – wenn es das tut, ist das überhaupt nicht schlimm, sondern schlicht normal und unter Umständen lebensrettend, immerhin sorgt es mithilfe der entsprechenden Hormonausschüttung in bedrohlichen Situationen für körperliche Höchstleistungen. Es ist nur wichtig, im Anschluss wieder in den anderen Modus unseres vegetativen Nervensystems überzugehen – den Parasympathikus. *Rest and digest.* Ausruhen und verdauen.

Den Ursprung hat all das bei unseren Vorfahren, die häufiger mal vor gefährlichen Raubtieren fliehen mussten, um nicht getötet zu werden – definitiv ein amtlicher Stressauslöser. In ihrem sehr empfehlenswerten Buch *Burnout* stellen die Schwestern Dr. Emily und Dr. Amelia Nagoski die ziemlich simple Frage, was du tun würdest, wenn du etwa einen Löwen kommen siehst, und beantworten sie sogleich: Du *rennst*. Im besten Fall gelingt es dir zu entkommen, den Löwen womöglich mithilfe deiner Leute zu überwältigen und im Anschluss total erleichtert und glücklich zu sein, dass du überlebt hast – und damit die Stressreaktion einmal komplett zu durchlaufen, den Zyklus zu Ende zu bringen.[15]

Das geschieht aber eben nicht, weil – und das ist laut der Nagoskis eine häufige Annahme – der Löwe, also der Stressor, eliminiert wird, sondern weil der Körper diesen Kreislauf einmal bis zum Ende durchspielt: Stressreaktion, wegrennen, der Gefahr entkommen, wieder mit den Liebsten vereint und dankbar sein, dass man noch lebt. Quasi wie bei Monopoly. Einmal über Los gehen. Funktioniert Monopoly so? Ich erinnere mich nicht so richtig, dieses Spiel hat mich immer schon enorm gestresst.

Es ist nicht so schwer, uns auszumalen, was passiert, wenn wir nun über einen längeren Zeitraum immer wieder mit Stressoren konfrontiert sind – auch wenn es in den seltensten Fällen Raubtiere sind, sondern anstrengende Kolleg*innen, Push-Mitteilungen, knappe Deadlines oder übergriffige Kommentare beim Familientreffen –, ohne dabei je den Stressreaktionszyklus zu beenden: Der Körper kann in der Stressreaktion stecken bleiben, der Stress chronisch werden. Nicht dass das unser eigenes Verschulden wäre! Oftmals ist es schlicht sozial unangemessen, einfach wegzurennen oder jemanden anzubrüllen, ob nun beim Familientreffen oder in einem Arbeitsmeeting.

Insofern ergibt es schon Sinn, von »Stressabbau« zu sprechen – bloß dass es halt ein bisschen was anderes meint, als wir häufig darunter verstehen. Es reicht nicht, bloß auf intellektueller Ebene zu wissen oder sich zu sagen, dass eine Situation nicht wirklich bedrohlich oder dass jetzt alles wieder okay und der Stressfaktor XY ausgeschaltet ist – es braucht diesen Prozess *im* Körper.

Ich dachte zum Beispiel immer, man geht zum Sport, um neben der anstrengenden, stressigen Arbeit auch noch etwas *anderes* zu machen, um sich abzulenken, um sich einen netten Ausgleich mit größerem Spaßfaktor zu schaffen und so weiter. Tatsächlich sind Sport und Bewegung aber schlicht eine hervorragende Möglichkeit, um diesen Stresszyklus zu beenden – und da geht es weniger ums »Abschalten« oder »Vergessen«, sondern um ein unbewusstes Hindurchmanövrieren. Also wir mögen vielleicht total abschalten beim Handball, Pilates oder Zirkeltraining, aber *eigentlich* senden wir unterbewusste Nachrichten an unser vegetatives Nervensystem: Hey, hey du, alles okay, wir sind vor der Gefahr davongerannt. Stresshormonausschüttung stopp bitte, alles wieder gut, wir sind sicher.

Sicher! Das ist es nämlich – unser Körper ist unser*e Freund*in und wird erst dann wieder ausruhen und verdauen, wenn wir uns in Sicherheit befinden. Und keine Sorge, das ist nicht ausschließlich durch Sport zu erreichen, falls das nicht so dein Ding sein sollte. Eventuell kannst du Bewegung auch so gestalten, dass es ein bisschen mehr deins ist – Musik aufdrehen und durch die Küche tanzen zum Beispiel. Oder du machst es wie meine Hündin Billie, die sich nach jeder seltsamen Begegnung mit einem anderen Hund und nach jeder stressigen Situation erst mal kräftig schüttelt. Kein Spaß, ich meine das absolut ernst. Nicht ohne Grund gibt es beispielsweise auch Schüttelmeditationen. Und nicht ohne Grund fangen wir manchmal von selbst an zu zittern – nicht nur bei Kälte, sondern beispielsweise nach einem Schock oder in angespannten Situationen.

Oder: Weinen! Denk an die Kinder, die losheulen, weil sie von der Schaukel gefallen sind – selbst wenn sie sich dabei nicht ernsthaft verletzt haben, lassen sie so ihren Körper einmal schön den Stressreaktionszyklus vollenden. Achte mal drauf, in welchen Situationen du dich den Tränen am nächsten fühlst. Ich weine zum Beispiel in mindestens neunzig Prozent der Fälle nicht, weil ich mich traurig, sondern weil ich mich überfordert fühle – mein Körper also in einer Stressreaktion feststeckt. Und die lässt sich förmlich herausweinen, inklusive anschließendem Erleichterungsgefühl. Zurück im *Rest-and-digest*-Modus.

Auch über unsere Atmung können wir einiges regulieren. Es gibt da draußen schier unendlich viele verschiedene Atemtechniken und -übungen, die du ausprobieren kannst. Schon allein wenn wir über einen Zeitraum von ein paar Minuten hinweg länger durch die Nase ausatmen, als wir einatmen, senden wir eine offizielle Entspannungsbotschaft an unser Nervensystem.

Das Gleiche geschieht, wenn wir Zeit mit vertrauten Personen, mit unseren Partner*innen, Freund*innen, Angehörigen verbringen – das nennt sich soziale Unterstützung –, im Idealfall mit Körperkontakt. Eine ordentliche Umarmung ist eine super Möglichkeit, unserem Körper zu vermitteln, dass wir uns in Sicherheit befinden. Auch einen Hund oder eine Katze zu streicheln, kann helfen und sogar den Blutdruck senken. Ganz generell ist hilfreich: uns mit etwas oder mit jemandem verbunden zu fühlen. Das kann auch etwas Spirituelles sein, falls das dein Ding sein sollte. Oder vielleicht willst du lieber Sprechchöre bei einer Demo anstimmen. Außerdem hilft es tatsächlich zu lachen – so wie das Klischee es will. Und uns in beliebiger Form kreativ auszuleben, zu malen, zu stricken, zu schreiben, zu basteln, zu backen, zu fotografieren, zu nähen, Musik zu machen, zu tanzen – hier sogar in Kombination mit Bewegung! Überhaupt: die oft unterschätzte Macht der Kunst! Sie hilft nicht nur denjenigen, die sie erschaffen, dabei, Emotionen zu verarbeiten und sich aus der Stressreaktion herauszuholen – sondern eben auch denen, die sie rezipieren, die sich von Musik, einem Buch, einem Bild oder einem Film durch ganz, ganz große Feelings leiten lassen.

Et voilà: Sobald ich dann diesen Stressreaktionszyklus einmal durchgemacht habe, fühle ich mich in der Regel auch viel eher wieder fähig dazu, mich mit den Stressoren auseinanderzusetzen. Mir einen Umgang mit ihnen, mir Gegenmaßnahmen und Strategien auszudenken. Oder anders: Manchmal ist es notwendig, dass ich mich zunächst darum kümmere, was durch die mich umgebenden Strukturen in meinem Körper ausgelöst wird – bevor ich mich um die Strukturen selbst kümmern und sie eventuell bekämpfen kann.

Nur – wo anfangen, wenn es eben tatsächlich um gesellschaftliche, um unterdrückende Strukturen geht oder generell um etwas, das sich nicht so leicht beeinflussen lässt wie zu viele Termine oder eine knappe Deadline? Es kann zunächst einmal helfen, alles aufzuschreiben, was du als Stressor identifizieren kannst. Auch das ist übrigens total individuell, abhängig von unseren Erfahrungen oder der jeweiligen Situation – während die eine Person beispielsweise gern allein ist, fühlt sich eine andere Person durchs Alleinsein isoliert und *gestresst*. Also schreib auf, was auch immer es für dich sein mag: ob das Alleinsein, soziale Ungerechtigkeit, Misogynie und das Patriarchat, Queerfeindlichkeit, Panikattacken, Geldnot, zu viel Arbeit, das schmerzende Knie, der*die nervige Mitbewohner*in, die Steuererklärung, das kaputte Smartphone, Social Media – *alles*. (Auch wenn dir schwerfallen sollte, konkrete Stressoren zu identifizieren, kann es hilfreich sein, darüber zu schreiben und dich auf diese Weise auf Spurensuche zu begeben.)

Und dann schaust du, was davon du beeinflussen kannst und was nicht. Lässt sich dein kaputtes Telefon reparieren oder ersetzen? Kannst du mit dem*der Mitbewohner*in sprechen, Arbeit abgeben, dir Hilfe für die Steuererklärung suchen, eine Social-Media-Pause einlegen? Selbst hinsichtlich der Dinge, die dir zu groß vorkommen, um sie selbst beeinflussen zu können, kannst du dir weitere Fragen stellen: Ist es dir zum Beispiel möglich, Verbündete zu suchen im Kampf gegen Sexismus? Dich einer politischen oder aktivistischen Gruppe anzuschließen? Für den Anfang vielleicht online? Kannst du dich mit jemandem darüber austauschen? Hast du die Möglichkeit und die Mittel, Geld zu spenden – an feministische

Organisationen oder an Vereine, die antirassistische Arbeit leisten, die queere und trans Jugendliche oder geflüchtete Menschen unterstützen? Und wenn es dir nicht möglich ist, Geld zu spenden – vielleicht kannst du dich anders einbringen, dich ehrenamtlich engagieren, Öffentlichkeitsarbeit betreiben, indem du Menschen in deinem Umfeld auf solche Vereine aufmerksam machst, über problematische Strukturen sprichst, Artikel teilst, dich selbst weiterbildest und, und, und. Nur denk dabei immer dran: Du bist nicht Atréju!

Und wenn du dich nach alldem trotzdem noch machtlos und überwältigt fühlst und so, als könntest du rein gar nichts kontrollieren – dann ist das zumindest schon mal eine gute Überleitung zum nächsten Kapitel.

KONTROLLE UND DAS UNGEWISSE

Auch wenn ich es problematisch finde, pauschal davon auszugehen, dass wir aus Krisen immer etwas lernen können – eine Sache lässt sich mitnehmen aus einem Jahr wie 2020. Und zwar ist es der ultimative Beweis dafür, dass wir niemals die volle Kontrolle haben. Denn egal wie gut wir uns möglicherweise vorbereitet, wie penibel wir alles durchgeplant hatten – es kam, nun ja, für uns alle sehr anders als gedacht. Dieses Sicherheitsgefühl, das normalerweise entsteht, wenn wir ordentlich Pläne schmieden und bei diesen eventuell sogar mögliche Risikofaktoren berücksichtigen – es hat sich 2020 einfach in Luft aufgelöst. Das ist krass! Ein richtiger Schock, und dann ist auch noch bis heute nicht absehbar, wie lange wir uns mit all dieser Ungewissheit herumschlagen müssen, wie es weitergehen wird.

Streng genommen wissen wir in unserem Leben aber nie so richtig zu hundert Prozent, wie es weitergehen wird. Es gibt diese Sicherheit eigentlich gar nicht.

Wir haben nie die volle Kontrolle über den Verlauf unseres Lebens oder gar den Lauf der Welt – es gibt immer bloß Szenarien, die wir uns vorstellen können. Wenn wir eher Optimist*innen sind, gehen wir vermutlich davon aus, dass wir erreichen werden, was wir erreichen wollen, dass es schon irgendwie gut werden wird. Wenn wir Pessimist*innen sind, rechnen wir oftmals gleich mit dem Schlimmsten und werden im Idealfall doch noch positiv überrascht. Auch Mischformen sind selbstverständlich möglich. Aber ganz egal mit welcher Grundstimmung wir uns die Zukunft ausmalen – wir *wissen* nie, was passieren wird. Logisch, bestimmte Dinge sind absehbarer als andere, und je kurzfristiger unsere Pläne, desto eher besteht die Chance, dass wir sie tatsächlich so in die Tat umsetzen können. Ich meine so etwas wie »Nachher noch schnell einkaufen fürs Abendessen« im Vergleich zu »Nächstes Jahr schön eine dreiwöchige USA-Rundreise machen«. Oder auch »Am Wochenende zur Demo gegen Polizeigewalt und Rassismus« im Vergleich zu »In fünf Jahren leben wir im güldenen Zeitalter tatsächlicher Gerechtigkeit«.

Fakt ist jedenfalls: Wenn wir das Gefühl haben, die Dinge um uns herum nicht kontrollieren zu können, keine Sicherheit zu haben, machtlos und einfach ausgeliefert zu sein – dem Leben, dem Schicksal, dem Universum, dem Patriarchat, der Politik, wem auch immer –, dann steigert das nicht gerade unser Wohlbefinden. Im Gegenteil. Was also tun?

Vielleicht bist du schon mal irgendwo dem sogenannten Gelassenheitsgebet des US-amerikanischen Theologen Reinhold Niebuhr begegnet, das oft am Ende eines Meetings der Anonymen Alkoholiker*innen zitiert wird: »Gott, gib mir die Gelassenheit, Dinge hinzunehmen, die ich nicht ändern kann, den Mut, Dinge zu ändern, die ich ändern kann, und die Weisheit, das eine vom anderen zu unterscheiden.«[16] Das klingt doch ziemlich lässig, oder? Bloß ist auch das wieder mal nicht so einfach, und möglicherweise hast du persönlich auch gerade keinen Gott und keine Göttin zur Verfügung, der oder die dich mal eben mit all dieser Lässigkeit ausstatten kann. Und auch wenn du gläubig bist – eine Garantie für Gelassenheit ist selbst das nicht, würde ich vermuten. Trotzdem aber ist dieses Gebet ein guter Ausgangspunkt. Mut, Dinge zu ändern, die du ändern kannst? Du weißt ja, dass Mut nicht bedeutet, völlig frei von Angst oder kein bisschen zweifelnd zu sein – und es kann dir einfach ein gutes, bestärkendes, ermächtigendes Gefühl geben, etwas *zu tun*. Auch im Kleinen. Und weil es eben unmöglich ist zu wissen, was zukünftig geschehen wird, konzentrierst du dich da einfach auf die Gegenwart – denn die scheint ohnehin ein ziemlich wichtiges Ding zu sein in der großen weiten Welt der Achtsamkeit.

Denn – ganz wichtig! – nicht die volle Kontrolle und alle Fäden in der Hand zu haben, ist *nicht* gleichbedeutend damit, komplett handlungsunfähig zu sein. Du *kannst* etwas tun. Nicht die ganze Welt ändern, nicht die Zukunft voraussagen – aber du besitzt die Fähigkeit, *etwas* zu tun. Selbst in Bezug auf Covid, das auch heute noch nicht plötzlich wieder verschwunden ist – du kannst dir Auffrischungsimpfungen geben lassen und solidarisch mit vorerkrankten und gefährdeten Menschen sein, indem du etwa beim Einkaufen, im Kino oder in Bus und Bahn weiterhin Maske trägst. Auch wenn es eben nicht in deiner Macht liegt zu kontrollieren, wie lange diese Situation noch andauern und wie sie sich entwickeln wird, auch wenn du nicht bewirken kannst, dass es seitens der Politik endlich angemessene Unterstützung für alle Betroffenen gibt – wenn du es aushältst zu akzeptieren, dass dir ab einem gewissen Punkt schlicht und ergreifend die Hände gebunden sind, kann das sogar durchaus befreiend sein. Noch so eine Situation, in der du nicht Atréju sein musst.

DAS VERLANGEN NACH ERKLÄRUNG

Ich bin bei Weitem keine Expert*in für Verschwörungserzählungen[17], aber ich schätze, auch sie hängen meist mit Kontrollverlust bei gleichzeitigem Kontrollverlangen zusammen. Es sorgt für ein so starkes Gefühl von Hilf- und Machtlosigkeit, etwas weder kontrollieren zu können noch zu wissen,

wie es weitergeht, dass schnell eine »logische«, eine einfache oder überhaupt *irgendeine* Erklärung hermuss, um sich Linderung zu verschaffen. Das macht nun natürlich antisemitische Verschwörungserzählungen beispielsweise nicht weniger antisemitisch – denn die »Erklärungen« können ja durchaus geprägt sein von strukturellen -ismen – und stellt generell keine Legitimation für Verschwörungsmythen jedweder Art dar – es ist bloß ein, *haha!*, Erklärungsansatz.

Ein Verlangen nach »Erklärung« und Kontrolle jedenfalls liegt nicht nur Verschwörungsideologien und oftmals Religion, sondern auch diversen Praktiken der Esoterik zugrunde. Es gibt haufenweise spirituelle und esoterische Tools, Werkzeuge also, die vermeintlich erklären, begründen und einordnen. Die zum Beispiel Charakterzüge an bestimmte Gegebenheiten wie Geburtstag und -ort knüpfen, wie es etwa Astrologie und Human Design tun. Sie alle können letztlich – ein bisschen vergleichbar mit den verschiedenen Persönlichkeitstypen der Psychologie – für die Sorte Aha-Momente sorgen, bei denen wir zwar den Eindruck einer Erklärung haben, aber eigentlich vielmehr in unserem Selbstbild *bestätigt* werden: »Aha! Ich bin so, weil ... *ich so bin!*« (Oder, wenn es um das große Ganze geht, auch: »Die Dinge auf der Welt sind so und so, weil *sie gerade so sind!*«) Das kann durchaus bestärken, wenn es denn zum bereits vorhandenen Selbstbild *passt* – und wenn es uns gefällt. Unter anderen Umständen kann es aber auch ziemlich verwirren oder ein Gefühl des Feststeckens, des »Ich bin so, wie ich nun einmal bin, und kann mich nicht verändern« auslösen.

Das heißt natürlich nicht, dass wir uns solcher Tools ganz grundsätzlich nicht bedienen sollten oder dass sie komplett nutzlos wären – nein! Wenn Astrologie und Horoskope dein Ding sind, bitte, nur zu. Es heißt bloß, dass wir ein bisschen vorsichtig sein und nicht davon ausgehen sollten, durch solche Tools die ganze und vollumfassende *Wahrheit* zu erfahren. Es kann helfen und ganz simpel Spaß machen, sich mit Horoskopen, Human-Design-Charts oder auch Traumdeutung auseinanderzusetzen, genauso wie es helfen und Spaß machen kann, Tarotkarten zu legen oder zu orakeln. Es ist etwas Gutes und sogar Ermächtigendes, wenn du frische Motivation aus einem Neumondritual ziehen kannst oder wenn bestimmte Karten dir Kraft geben. Es kann durchaus zur Persönlichkeitsentwicklung beitragen, im Alltag, bei Problemen oder schwierigen Entscheidungen unterstützen, immerhin ist vieles davon schlicht eine Einladung zur Reflexion, dazu, sich mit sich selbst, den eigenen Denkmustern und Erfahrungen auseinanderzusetzen – aber erstens *muss* es nicht zwangsläufig und in jeder Situation helfen, zweitens ist es nicht die ultimative Wahrheit, drittens gibt es uns weder die volle Kontrolle noch die Fähigkeit, in die Zukunft zu schauen, und viertens – ist mal wieder alles nicht so einfach! Bloß weil mein Mond im Sternzeichen Steinbock steht oder ich ein bestimmter Human-Design-Typ bin, besiegelt das eben nicht mein komplettes Schicksal und legt ebenso wenig fest, was für ein Mensch ich bin, wie genau mein Charakter aussieht oder inwiefern ich dazu fähig bin, mich in verschiedene Richtungen zu entwickeln und zu verändern. Obendrein reicht es auch bei Weitem nicht als Erklärung für Unzufriedenheit, sich nicht einstellende Erfolge, traumatische Erfahrungen oder gar Erkrankungen aus, wenn ich etwa nicht entsprechend meines »Typs« oder Horoskops lebe. Und auch der Tarot-Spread vom letzten Silvesterabend sagt mir nicht die Zukunft voraus. In dieser vermeintlichen Kontrolle durch Astrologie und Co. kann nämlich auch ein ganzer Haufen *Victim Blaming* stecken – genauso wie in »Du allein bist deines Glückes Schmied*in«, wir erinnern uns –, das jegliche äußeren Faktoren völlig außer Acht lässt und letztlich nur »erklärt«, dass die Schuld für *alles*, was mich betrifft, bei mir und nur mir allein liegt. Aber das ist nicht wahr!

MANIFESTATION UND VISUALISIERUNG

Kommen wir noch kurz zu zwei weiteren Schlagwörtern: Manifestation und Visualisierung. Auch hier handelt es sich um Tools, die du durchaus für dich anwenden kannst, wenn dir das gefällt oder du Lust darauf hast. Dir deine Ziele und Träume bewusst zu machen, dabei möglichst konkret zu werden und dann darauf hinzuarbeiten – warum nicht? Zu wissen, wo genau ich hin- oder was genau ich haben will, kann definitiv eine größere Motivation sein, als einfach nur die gegenwärtige Lage verlassen zu wollen. Und Konkretes schärft ganz einfach die Aufmerksamkeit. Wahrscheinlich ist es dir auch schon mal passiert, dass du irgendetwas gemacht oder gekauft hast oder darüber nachgedacht hast, es zu tun – und dann plötzlich überall nur noch blaue Fahrräder, Anker-Tattoos, Hochdachkombis oder Personen mit Pixie-Haarschnitt gesehen hast. Nun ist es nicht so, dass all das magischerweise auftaucht, bloß weil du daran denkst – dir fällt es einfach *stärker auf,* weil du daran denkst.

Ja, zu manifestieren und zu visualisieren *kann* dabei helfen, etwas Bestimmtes zu erreichen, auf dem Weg dorthin zielgerichtet und optimistisch zu bleiben und mit einem gewissen Vertrauen unterwegs zu sein, das dir definitiv mehr Leichtigkeit vermitteln wird als Pessimismus. Aber es ist weder eine Garantie, noch kann es dir irgendeine Form von Kontrolle geben.

Und vielleicht kennst du auch dieses Meme von Corinna Rosella alias @riseupgoodwitch auf Instagram: »Maybe you manifested it, maybe it's white privilege.«[18] (»Vielleicht hast du es manifestiert, vielleicht ist es *weißes* Privileg.«) Heißt: Wenn eine Person *weiße* Privilegien hat, stehen ihr gewisse Türen mit einer großen und oft nicht einmal als solche wahrgenommenen Selbstverständlichkeit offen – während sie für von Rassismus betroffene Personen oft viel schwieriger aufzubekommen sind.

Natürlich lässt sich das auch auf andere Arten von Diskriminierung übertragen, etwa auf Sexismus oder Klassismus. In jedem Fall ist dieses Meme eine Erinnerung daran, wie wichtig es ist, auch das große Ganze im Blick zu behalten: Ja, das Universum mag dir Geschenke machen, aber wenn du in welcher Form auch immer privilegiert bist, dann ist nicht von der Hand zu weisen, dass *auch das* eine Rolle spielt. Nicht dass du dadurch mehr Kontrolle hättest – aber vielleicht ganz einfach mehr Möglichkeiten und einen anderen Handlungsspielraum.

LOSLASSEN

Egal was wir also ausprobieren und für uns nutzen können – nichts gibt uns die volle Kontrolle. Den allergrößten Gefallen tun wir uns selbst, indem wir uns damit abfinden – so uncool und hoffnungslos das auch anmuten mag. Deswegen lass uns auch das etwas anders ausdrücken: indem wir *loslassen*. Auf eine positive Art. Das heißt nicht automatisch stählerner Optimismus und Zuversicht. Wir können's für den Anfang auch einfach mit Offenheit und etwas Neugier versuchen. Es uns ein bisschen komfortabler einrichten in der Ungewissheit – und uns dabei auch regelmäßig in Erinnerung rufen, dass es durchaus Dinge gibt, die wir sehr wohl kontrollieren und beeinflussen *können*. Wir sind kein Spielball, aber wir sind eben auch keine allwissende Glaskugel.

Und egal wie sehr wir nicht einverstanden sein mögen mit einer Situation, in der wir uns befinden und die zu verändern wir nicht fähig sind – und wenn's bloß Regenwetter ist –, es bringt uns *nichts* und gibt uns auch keinerlei Kontrolle, wenn wir einfach bloß im Widerstand verharren. »Ich finde das scheiße, ich will das eigentlich anders!« ändert nichts – es raubt uns bloß Energie. Also: loslassen. Hinnehmen. *Mit Gelassenheit hinnehmen.* Das ist keinesfalls gleichbedeutend mit Akzeptanz, Zustimmung oder damit, eine Situation oder einen Zustand gleich komplett formidabel zu finden.

Und wenn uns die große Ungewissheit trotzdem über den Kopf wächst, dann können wir ein wenig Druck rausnehmen, indem wir versuchen, von Tag zu Tag zu denken: *one day at a time*. Dieses Konzept kann zum Beispiel auch dann hilfreich sein, wenn du aufhören willst zu trinken oder zu rauchen – du musst es immer bloß bis zum Ende eines Tages, bis zum Schlafengehen schaffen, und der nächste Tag ist dann erst einmal nicht mehr als genau das: der nächste Tag. Auch wenn wir uns überfordert oder einfach schlecht fühlen, können wir es uns etwas leichter machen, indem wir in kleineren Etappen denken. Nicht gleich bis 2025 weiterplanen und -denken und dabei alle Eventualitäten berücksichtigen, sondern: erst einmal nur bis zur Mittagspause. Bis zum Abendessen. Bis zum Schlafengehen. Und nach einer ordentlichen Portion Schlaf sehen die Dinge dann unter Umständen schon wieder ganz anders aus.

NIEMAND MUSS SICH PAUSEN ERST VERDIENEN.

SCHLAF, ERHOLUNG UND PAUSEN

Schlafen kommt einem Zaubertrick so nah wie kaum etwas anderes – meine Meinung. Es hilft einfach gegen so vieles. Nicht umsonst sollte man vor wichtigen Entscheidungen noch mal »eine Nacht drüber schlafen«, bei einem grippalen Infekt im Bett bleiben – und möglichst viel schlafen – oder hat nach einem richtig miesen Tag das Bedürfnis, ebenjenen möglichst schnell zu Ende zu bringen – indem man schlafen geht. Und ja, auch wenn's dafür natürlich keine absolute Garantie gibt, kann am nächsten Morgen tatsächlich alles schon ein bisschen anders und sogar besser aussehen. Und wenn nicht, dann ist man im Idealfall immerhin weniger müde – sofern das mit dem Schlafen denn einigermaßen klappt!

Falls du Probleme mit dem Ein- oder Durchschlafen haben oder unter Schlaflosigkeit leiden solltest – herzlichen Glückwunsch, dass du nach wie vor deinen Alltag meisterst, ganz ehrlich. Denn zu wenig Schlaf hat einen so immensen Einfluss auf unser Wohlbefinden, unser Immunsystem, unseren ganzen Körper, dass es wirklich keine Lappalie ist, sich mit Schlaflosigkeit herumzuschlagen. Vielleicht hast du schon herauszufinden versucht, woran es bei dir liegen könnte, und dich ärztlich durchchecken lassen? Ansonsten *kann* auch ein nicht zu Ende gebrachter Stressreaktionszyklus dafür sorgen, dass dein Nervensystem nicht zur Ruhe kommt und deine Gedanken kreisen. Außerdem hast du natürlich die Möglichkeit, dich durch diverse Klassiker zu testen – etwas früher ins Bett zu gehen als sonst, das Abendessen mindestens zwei Stunden davor zu erledigen (wenn unser Körper nämlich gerade erst zu verdauen beginnt, kann es uns schwerer fallen, ein- und durchzuschlafen) oder ab einer bestimmten Uhrzeit nicht mehr aufs Telefon oder auf sonstige Bildschirme zu schauen (weil die Displaybeleuchtung und künstliches Licht generell die Bildung des sogenannten Schlafhormons Melatonin hemmen). Nickst du regelmäßig vorm Fernseher ein und kannst dann nicht einschlafen, sobald du im Bett liegst? Vielleicht wäre ein anderes Abendritual entspannender für dich – eine Tasse Kamillentee zu trinken und etwas zu lesen zum Beispiel. Auch hier gilt: Mach dir bitte keine Vorwürfe, wenn es dir schwerfallen sollte, etwas zu verändern – es fällt dir schwer, weil es schwer *ist*. Auch so etwas wie eine Abendroutine ist nun einmal eine Routine, und diese aufzubrechen und etwas Ungewohntes zu tun, kann uns ziemlich herausfordern.

Ich habe irgendwann festgestellt, dass ich überhaupt nicht gut einschlafen kann, wenn ich nach vierzehn Uhr noch Kaffee trinke – noch so ein Klassiker: Koffeinkonsum kann genauso wie der von Nikotin und Alkohol, insbesondere kurz vor dem Zubettgehen, für Schlaflosigkeit sorgen –, aber ansonsten habe ich das große Glück, für gewöhnlich keine Probleme mit dem Schlafen zu haben. Außer vielleicht, dass ich *viel* Schlaf brauche. Wirklich! Alles unter acht Stunden bringt mich nach nur zwei bis drei Nächten in Folge in Schwierigkeiten. Klar habe auch ich das schon oft genug geflissentlich ignoriert, mir Nächte um die Ohren geschlagen, bin nach fünf Stunden oder noch weniger wieder aufgestanden. Aber ich merke das sofort, es zahlt sich heim. Ich bin dann nicht nur müde – und zwar so sehr, dass ich nicht einmal halbwegs Small Talk betreiben kann (ohnehin nicht meine Stärke), geschweige denn irgendwas anderes auf die Reihe kriege –, sondern auch sehr *leidend*. Traurig. Voller Weltschmerz. Schnell genervt. In jedem Fall fühle ich mich mies genug, um es möglichst selten so weit kommen zu lassen.

SCHLAFEN ALS REBELLION

Leider ist es so – ich hab es schon das eine oder andere Mal erwähnt –, dass wir in einer kapitalistischen und konsumorientierten Hustle-Kultur leben, in der es nicht nur hingenommen, sondern uns als erstrebenswert und nötig verkauft wird, möglichst viel Stress zu haben – Stress im Sinne von Arbeit. Von zu tun, zu tun, zu tun. Viele Termine, viel Input, viel Output, nie Langeweile, einfach ständig produktiv sein, etwas »beitragen«, es zu was bringen, Karriereleitern hochklettern und sich überambitionierte Ziele stecken, und ach so – am besten empfindet man das Ganze dann nicht einmal als »Arbeit«, sondern macht einfach die Leidenschaft zum Beruf, um »nicht einen einzigen Tag länger arbeiten zu müssen«.

Wir kennen wahrscheinlich alle dieses Klischee der nimmermüden Manager*innen, deren Wecker nachts um halb vier klingeln, damit sie sich vor ihren Meetings noch auf den Marathon vorbereiten können, den sie bald laufen wollen, um sich ihrer Willenskraft zu versichern. Und genau wegen der brauchen sie auch schlicht nicht so viel Schlaf – denn Schlaf, das ist doch sowieso nur etwas für Menschen *ohne* Willenskraft, ohne Biss, ohne Ambitionen, eben für diejenigen, die es niemals zu etwas bringen werden. (Keine Sorge: Das ist eine glatte Lüge!)

Aber nicht nur in der Branche gebügelter Hemden und Blusen gönnt man sich ungern Erholung. Um sich die zu verwehren, braucht es nicht einmal eine*n Chef*in – ich kann mich auch allein ausbeuten. Auch in der Selbstständig- und Freiberuflichkeit, auch mit der zum Beruf gemachten »Leidenschaft« geschieht das schneller, als man denkt – denn Wettbewerb herrscht schließlich überall. Wenn es nicht so traurig wäre,

wäre es fast schon süß, wie ich früher tatsächlich dachte, mich von all dem Leistungsdruck und Wettbewerb lossagen zu können, indem ich mich für die Kunst und Kreativität, fürs Schreiben entschied.

Oft ist der Grund dafür, keine Pausen zu machen, auch schlicht: Existenzangst. Die Angst davor, den Job zu verlieren, die Miete nicht mehr zahlen, Kinder, Partner*innen, Angehörige nicht mehr versorgen oder unterstützen zu können. Auch wenn wir es ganz und gar nicht für erstrebenswert halten, den Wecker auf halb vier zu stellen – Tatsache ist einfach: Wir *brauchen Geld* und deswegen halt leider manchmal drei Jobs. Zudem ist »Lohnarbeit (...) für viele Menschen die einzige Rechtfertigung dafür, dass sie in diesem Land leben dürfen. Der Aufenthaltsstatus hängt neben einem sauberen Führungszeugnis am stärksten vom Einkommensverhältnis ab«[19], wie die Autorin und Journalistin Fatma Aydemir in ihrem Essay »Arbeit« schreibt.

Diese fiese Kombination aus Existenzangst, Hustle-Kultur, dem durch regelmäßige Kontoabbuchungen verursachten Druck und dem ableistischen Konzept, nach dem Menschen nur bei »angemessenem« Produktivitätslevel »vollwertige« Mitglieder der Gesellschaft sind, sorgt mitunter dafür, dass wir viel zu oft Signale unseres Körpers wie zum Beispiel Krankheiten und Schmerzen tolerieren oder ignorieren. Uns nicht erlauben auszuruhen und uns um uns selbst zu kümmern, weil uns eingetrichtert wurde, dass wir stark sein müssen, weil wir uns schließlich sogar selbst einreden, das gar nicht nötig zu haben – oftmals, bis es halt nicht mehr anders geht und eine Pause unvermeidbar wird. Wie absurd das ist: Wir gehen auch bei absoluter Überarbeitung, bei Schnupfen, Bandscheibenvorfall und Panikattacken davon aus, keine Pause *verdient* zu haben. So mächtig ist diese neoliberale Erzählung, so sehr hat sie sich in unsere Köpfe eingebrannt.

Als müssten wir uns Pausen erst *verdienen,* als wären sie eine Belohnung! Tatsächlich sind sie nicht einmal ein *Ausgleich* zur Arbeit – sondern die Voraussetzung dafür, überhaupt arbeiten zu *können*. Genauso wie Schlaf keine extravagante Freizeitbeschäftigung ist, sondern schlicht und ergreifend: überlebenswichtig. Im wortwörtlichen Sinne.

Aber gerade *weil* die Leistungsgesellschaft dir keine Pausen zugesteht, ist es umso wichtiger und durchaus ermächtigend, dass du sie dir *selbst* zugestehst, dass du dir diesen Raum nimmst, wann und wie immer es dir auch möglich ist. Auszuruhen ist kein Luxus, oder vielmehr: *darf* kein Luxus sein. Und wenn Schlaf als nutzlos oder unnötig gilt – was aus kapitalistischer Sicht schon einleuchtend ist, denn wer schläft, arbeitet und konsumiert nicht –, dann macht das den simplen Akt des Schlafens zu einer kleinen Rebellion. Zu einer antikapitalistischen Praxis. Je mehr Schlaf, desto besser! Wann immer sich bei mir ein schlechtes Gewissen anbahnt, weil ich vermeintlich zu wenig geschafft oder zu lange geschlafen habe, rufe ich mir das in Erinnerung.

ENTSPANNUNG FÜR ALLE ODER: COMMUNITY-CARE

So wichtig Entspannung und Schlaf für uns alle auch sind, so sehr sie gar ein rebellischer Akt sein können – ein Touch Luxus bleibt dennoch an ihnen haften. Ganz einfach deshalb, weil es einer Person, die sich um ihre Grundbedürfnisse akut nicht zu sorgen braucht, leichter fallen kann, sich diese regelmäßigen Auszeiten zu nehmen. Den enormen Druck, den Armut, ein unsicherer Aufenthaltsstatus und prekäre Arbeitsverhältnisse mit sich bringen, beseitigt man nicht mal eben so, indem man sagt: Okay, genug für heute, jetzt erst einmal Füße hoch gegen das System!

Nicht alle Menschen haben zwischen ausbeutenden Jobs und unbezahlter Care-Arbeit die Möglichkeit, auf pünktlichen Feierabend zu bestehen oder gar zu streiken. Einige von uns haben auf den ersten Blick keine Wahl. Es liegt nicht in ihrer Macht. Was aber in unser aller Macht liegt, ist, *wie* wir die Dinge tun, die wir tun. Tun müssen. Wie wir mit uns selbst umgehen dabei. Was wir von uns fordern, ob wir uns selbst noch zusätzlichen Druck machen, uns verurteilen – oder ob wir lernen, sanfter und nachsichtiger mit uns zu sein.

Außerdem kommen hier Gemeinschaft und Solidarität ins Spiel, gegenseitige Unterstützung. Beispielsweise darin, jemandem Zeit und Raum für eine Pause zu *ermöglichen* – was wiederum entsprechend besser funktioniert, wenn man sich selbst nicht am Rand der Erschöpfung befindet. Also: selbstfürsorglich sein, aber eben nicht bloß zu dem Zweck, sich so ganz persönlich als Individuum etwas relaxter zu fühlen, sondern auch, um für andere Menschen da zu sein, um etwas weitergeben zu können. Selbstfürsorglich sein und *parallel dazu* auch für andere sorgen – das ist möglich. Denn Self-Care und Community-Care widersprechen sich keinesfalls, sondern ergänzen sich ganz wunderbar. Im Grunde kann Community-Care sogar eine Form von Self-Care sein – weil es unglaublich guttut und bestärkt, dich gemeinsam mit anderen für etwas zu engagieren oder jemanden zu unterstützen. Von

Gemeinschaft profitieren alle! Und ein radikal fürsorglicher Umgang mit dir selbst macht es möglich, besser einzuschätzen, wie viel du gerade geben, wie sehr du dich gerade einbringen kannst – und wann du eine Pause und Zeit für dich allein brauchst, um Kraft zu tanken. Andréa Ranae schreibt dazu auf Instagram: »You don't have to sacrifice getting your needs met in order to show up for others. It's not you or them. There's space for both.«[20] (Frei übersetzt: »Du musst nicht darauf verzichten, deine Bedürfnisse zu befriedigen, um für andere da zu sein. Es heißt nicht: du oder die anderen. Da ist genug Platz für alle.«) Das gilt natürlich auch umgekehrt: Du musst nicht damit aufhören, dich um andere zu kümmern, um auch auf deine eigenen Bedürfnisse zu achten.

To show up for others, das beginnt schon im Kleinen, in deinem engsten Umfeld: Dein*e Partner*in, ein*e Freund*in oder Mitbewohner*in ist überarbeitet, erschöpft, braucht dringend Erholung und kann sie sich nicht leisten (nicht im Sinne von: oh, die Flüge nach Thailand sind zu teuer, sondern von: die Arbeit nimmt einfach kein Ende), oder ihr*ihm geht es einfach nicht gut? Überlege dir, welche Art der Unterstützung nicht nur du allein, sondern vielleicht auch der Freund*innen- oder Bekanntenkreis bieten kann.

Es kann helfen, Netzwerke in der Nachbar*innenschaft oder im Stadtteil aufzubauen oder sich bereits bestehenden anzuschließen. Es kann helfen, Hilfe auch nur anzubieten, damit die betreffende Person weiß, dass sie nicht allein ist beziehungsweise nicht allein sein muss. Andersherum – bloß weil dich jemand nicht aktiv um Hilfe *bittet,* heißt das nicht automatisch, dass sie*er keine benötigt. Es ist nur so unglaublich schwer, danach zu fragen. Es ist sogar schwer, sie anzunehmen, wenn sie angeboten wird – weil damit der Gedanke einhergeht, »es alleine nicht hinzukriegen«. Dabei ist es nichts weiter als ein fieser Irrglaube, dass wir möglichst alles allein hinkriegen müssen. Das müssen wir ganz und gar nicht! Dennoch, es ist Fingerspitzengefühl gefragt. Manchmal ist es die beste Option, einfach ein Care-Paket zu schicken oder ein Abendessen vorbeizubringen. Manchmal ist es wichtig, Hilfe oder auch Ratschläge *anzubieten* und sie nicht einfach aufzudrängen.

Frag, ob und wie du unterstützen kannst. Beim Sortieren von Dokumenten? Bei der Kinderbetreuung? Beim Einkaufen oder Kochen? Oder, wenn es für dich möglich und die Person damit einverstanden ist, wie steht es um finanzielle Unterstützung?

Nachbar*innenschaftshilfe lässt sich genauso als kollektive Sorgearbeit, als Community-Care bezeichnen wie etwa solidarische Wohngemeinschaften, Selbsthilfegruppen, Gemeinschaftsgärten oder -werkstätten, kollektiv organisierte Konzerte, Ausstellungen, Lesungen, Kundgebungen oder Vorträge und traditionell linke Konzepte wie Hausprojekte oder eine Küfa (Küche für alle), bei der es gemeinschaftlich zubereitetes Essen meist gegen Spende gibt. Wer über entsprechende Ressourcen verfügt, bringt sich ein – und alle können davon profitieren.

Da ist noch etwas in Bezug auf den Luxusfaktor: Kinder.

Ich selbst habe keine Kinder und damit wenig bis keine Ahnung vom Thema. Wirklich, ich frage mich oft genug, wie Eltern von kleinen Kindern zum Beispiel das mit dem Schlafmangel hinkriegen. Wie sie ganz offensichtlich wach überall herumspazieren mit ihren Babys, beeindruckend. Und das machen sie nun einmal leider in einer Welt, die sich weder auf gesellschaftlicher noch auf politischer Ebene als kinder- oder familienfreundlich beschreiben lässt. Auch aufgrund dieser

Tatsache ist es kein Geheimnis, dass es für Eltern und ganz besonders für Alleinerziehende durchaus schwieriger sein kann, sich Auszeiten zu verschaffen, für Pausen zu sorgen oder auch bloß für ein bisschen Zeit für sich selbst. Ich halte es aber für ausgesprochen legitim und sinnvoll, sich bei Bedarf auch hier helfen zu lassen – ob das nun bedeutet, nach Möglichkeit dann und wann eine*n Babysitter*in zu engagieren, Freund*innen zu bitten, zwischendurch auf dein(e) Kind(er) aufzupassen oder dir sonst etwas abzunehmen, oder, mal unabhängig von den Prinzipien, die du ansonsten haben magst, ganz einfach doch mal eine Stunde lang den Fernseher laufen zu lassen. Oder das iPad herzugeben oder wie das heutzutage so läuft. Das ist kein Verbrechen und kein Versagen, sondern kann einfach dafür sorgen, dass du einen Moment für dich hast – für einen kurzen Mittagsschlaf, zum Scrollen, Meditieren oder ausgiebigen Duschen – und dich im Anschluss wieder etwas gewappneter fühlst. Denke immer dran: Pausen und Erholung sind keine Belohnung, sondern eine Voraussetzung fürs Weitermachen. Du musst sie dir nicht erst verdienen – sie stehen dir einfach zu, weil du existierst.

AKTIVISMUS UND ALLYSHIP

Ich weiß, ich weiß, »Das hier muss noch schnell fertig werden!« und überhaupt, »We won't rest until ...« – aber auch politischer Aktivismus und der Einsatz für soziale Gerechtigkeit kommen nicht ohne Pausen und Erholung aus. Es ist nicht ungewöhnlich, als Aktivist*in, Feminist*in, Antifaschist*in trotz großer Bemühungen, trotz jeder Menge Arbeit und sogar trotz

Erschöpfung das Gefühl zu haben, noch immer *zu wenig* zu tun – weil sich auf gesellschaftlicher und politischer Ebene ganz einfach so wenig verändert. Weil bloß Babyschritte gemacht werden und selbst dabei oft zurückgerudert wird, sodass immer wieder bei null angefangen und ganz von vorn erklärt werden muss, egal wie fusselig man sich den Mund zuvor schon geredet hatte, egal wie erschöpft man davon bereits sein mag. Das ist furchtbar frustrierend. Die logische Konsequenz also: mehr! Mehr Aufklärung, mehr Diskussionen, mehr Demonstrationen, mehr Protest, mehr Raumeinnahme, mehr Einmischung, mehr Richtigstellung – damit sich endlich tatsächlich etwas tut. Denn wenn man eine Pause macht, ganz klar, dann geht's auch nicht weiter voran, dann wird es im Zweifelsfall noch viel schlimmer.

Die Sache ist aber die – es ist leider bloß in den seltensten Fällen möglich, sofortige Änderung oder Verbesserung zu bewirken, egal wie sehr wir kämpfen, ob nun als Einzelperson oder als riesiger Demonstrationszug. Damit meine ich keineswegs, dass aktivistische Arbeit eh zu nichts führen kann, sondern bloß, dass sich auch hier vieles nicht kontrollieren oder genau so beeinflussen lässt, wie wir es gern hätten. Wir werden kurzfristig zum Beispiel wenig daran ändern können, dass wir dieselben Dinge wieder und wieder erklären und in Endlosschleife diskutieren müssen – *aber* wir verfügen immerhin über die Macht zu ändern, wie wir damit umgehen. Wir können lernen, uns abzugrenzen, uns zu schützen und anders mit unserer Energie hauszuhalten. Wir können – und sollten! – lernen, rechtzeitig Pausen zu machen, um neue Kraft zu schöpfen.

Wenn du dich nämlich pausenlos engagierst, ständig bis weit über deine Kapazitätsgrenze arbeitest, dich überanstrengst und dir keine Erholung gestattest – weil du dich verpflichtet fühlst oder dir erhoffst, auf diese Weise mehr oder schnellere Veränderung bewirken zu können –, dann ist es nicht unwahrscheinlich, dass irgendwann der Punkt erreicht ist, an dem du einfach gar nicht mehr kannst. Das hat weder mit Versagen noch damit zu tun, dass du nicht ausdauernd oder stark genug wärst, sondern einfach damit, dass du noch immer ein Mensch bist. Und für dich als Mensch ist es nicht unüblich, dass du infolge von Überlastung einen solchen Punkt erreichst, an dem du komplett ausgelaugt, ausgebrannt und/oder auf ärztliche oder therapeutische Hilfe angewiesen bist. Was natürlich nicht per se etwas *Schlimmes* ist, kleine Erinnerung: Hilfe anzunehmen, sollte verdammt noch mal das Normalste der Welt sein und ist ein Zeichen von Stärke, nicht von Schwäche – aber spätestens der Moment, in dem du *gezwungenermaßen* ausfällst, macht eben deutlich, dass diese Art des Aktivismus nicht die nachhaltigste ist.

Dir keine Erholung zu erlauben, kann außerdem dafür sorgen, dass die Überforderung und der Gedanke, *noch immer* nicht genug zu geben, in Aussichtslosigkeit, Resignation und gefühlte Machtlosigkeit umschlagen. Und wenn du irgendwann denkst, dass alles Bemühen und Kämpfen umsonst ist, weil sich sowieso nichts verändern wird, kann das zur Folge haben, dass du dich zurückziehst, mehr oder minder die Augen verschließt und dich nicht mehr damit beschäftigst, was gerade so vor sich geht in der Welt. Also ein Ausfall wegen Totalerschöpfung oder der resignierte Rückzug ins Private aufgrund von Hoffnungslosigkeit – beides vermutlich nicht wirklich das, was du im Sinn hattest, als du angefangen hast, dich für soziale Gerechtigkeit und eine bessere Welt einzusetzen.

Deswegen sind regelmäßige Auszeiten und Erholung nicht bloß *elementare Bestandteile von*, sondern eben auch *die Voraussetzung für* Aktivismus – und damit für gesellschaftlichen Wandel. Pausen entkräften weder deinen Einsatz noch machen sie dich weniger radikal – im Gegenteil, sie geben dir mehr Macht.

Insbesondere wenn du von den Diskriminierungsformen, gegen die du ankämpfst, selbst betroffen bist, gilt: Sei umso nachsichtiger mit dir! Diese Doppelbelastung – beispielsweise über Transfeindlichkeit oder Ableismus aufzuklären und dich dagegen einzusetzen, während du *gleichzeitig* persönlich mit den Folgen von Transfeindlichkeit oder Ableismus umgehen musst – ist nicht zu unterschätzen. Genau das macht solidarische Mitstreiter*innen und Verbündete – auch Allys genannt – so wichtig! Stichwort Allyship: Hierbei geht es nicht nur um gegenseitiges Bestärken und gemeinsames Handeln, sondern auch darum, dass Menschen mit mehr Privilegien genau diese einsetzen, um diejenigen mit weniger Privilegien zu entlasten, zu schützen und ihnen Verschnaufpausen zu ermöglichen.

Das mag zunächst kompliziert klingen – schließlich willst du nicht *für* marginalisierte Personen sprechen oder vielmehr: *anstelle von ihnen*. Solange du hier sensibel bleibst und im Blick behältst, um was für einen Rahmen, um welche Räume und um welches Publikum es gerade geht, ist es aber gar nicht so schwierig, eine Balance zu finden. Du kannst und solltest als solidarischer cis Mann deinen Kumpels verdammt nochmal erklären, was Konsens bedeutet und dass Sexismus scheiße ist – es ist aber nicht unbedingt die beste Idee, dich als Podiumsgast bei einer queerfeministischen Veranstaltung aufzudrängen. Genauso bist du als *weiße* Person nicht geeignet, um in einer

Talkshow als Expert*in über Rassismus zu sprechen – aber du musst definitiv nicht darauf warten, dass eine Schwarze Person vorbeikommt, um deinen Arbeitskolleg*innen zu erklären, dass ihre rassistischen »Witze« absolut nicht klargehen – das kannst und solltest du ihnen selbst sagen.

INPUT UND OUTPUT

Grundsätzlich bist du, bloß weil du dich in welcher Form auch immer engagierst, nicht dazu verpflichtet, dich permanent und zu allem zu äußern und zu positionieren – zumal das auch schlicht gar nicht möglich ist. Niemand kann es leisten, immer alles auf dem Schirm und außerdem gleich noch die passende Reaktion dazu parat zu haben. Leider herrscht gerade online aber genau eine solche Erwartungshaltung, die für enormen Druck sorgt – das weiß ich aus eigener Erfahrung und aus zahlreichen Gesprächen mit Freund*innen, die ebenfalls Social Media nutzen, um über Feminismus und soziale Gerechtigkeit zu informieren, und zwar ohne dass sie dafür bezahlt werden. Es ist nicht ungewöhnlich, auf Instagram Nachrichten zu erhalten, in denen ganz empört gefragt wird, warum man sich denn bitte sehr noch nicht zu Thema XY geäußert habe. Manchmal wirkt es so, als müsste eine Person, sobald sie sich online auch bloß einmal zu einem politischen Thema positioniert hat, automatisch zu einem Nachrichtenticker mutieren, der sich gefälligst minütlich zu aktualisieren hat. Und das wiederum verstärkt – wenig überraschend – das vorhin besprochene Gefühl, einfach noch nicht genug zu machen, sich keine Pause erlauben zu können, mit sämtlichen dazugehörigen Konsequenzen.

Als Gegenmaßnahme müssen wir uns da schlicht von Zeit zu Zeit ausklinken, bewusst keinen Output generieren und auch den Input entsprechend herunterfahren. Und ja, so erholsam es auch ist, es kann zunächst schwierig sein, sich auszuloggen oder bestimmte Apps für ein paar Tage zu löschen. Ich kenne dieses seltsame Gefühl, das damit einhergeht, mal ganz bewusst keine Nachrichten zu lesen, nicht permanent online zu sein und alles live mitzuverfolgen – das hat einfach was von: »Ich halte mir die Augen zu, und was ich nicht sehe, das passiert auch nicht!« Dabei ist das ja Quatsch – durch solche Pausen kapseln wir uns eben gerade *nicht* komplett von allem ab, sondern machen einfach nur, nun ja: Pause. Und das ist wichtig! Denn dauerhafter, pausenloser Konsum von Negativnachrichten – was im Prinzip der natürliche Zustand von Nachrichten ist, da Negativschlagzeilen einfach mehr Aufmerksamkeit auf sich ziehen und klickbarer sind – sorgt über kurz oder lang dafür, dass wir abstumpfen und dass sich obendrauf noch ein Gefühl von Hoffnungslosigkeit einstellt – was dann wiederum dafür sorgen kann, dass wir aufgeben. Mein Vorschlag ist definitiv nicht, nur noch positive Nachrichten zu lesen. So was wie: Es wurden schon wieder viele Bäume gepflanzt! Es gibt ein neues nachhaltiges Start-up! Es gibt jetzt Bikinis aus Plastikmüll! Natürlich kannst du dich auch über positive Entwicklungen auf dem Laufenden halten, aber es ist eben kein *Ersatz*, nichts, worauf man einfach umsteigen kann wie auf Ökostrom. Mein Vorschlag sind ganz einfach Pausen. Auszeiten. Ein Wochenende ohne Nachrichten und/oder ohne Social Media. Vielleicht sogar ein ganzer Monat ohne Push-Meldungen. Ein Abend auf der Couch, nur mit deiner Lieblingsserie und ohne Smartphone – auch wenn sich an dem Tag irgendetwas besonders

Skandalöses ereignet hat. Ich werde manchmal regelrecht überfahren von dem Gefühl, viel zu viel Input zu haben – und denke dann immer, dass ich mindestens drei Wochen absolute Ruhe brauchen werde, um mich zu erholen, Schweigekloster Minimum! Und oft hilft es dann schon, einfach einen Nachmittag ohne mein Telefon zu verbringen.

ENTSPANNEN VERSUS BETÄUBEN

Manchmal fällt es dir vielleicht nicht ganz so leicht, in einen Entspannungsmodus zu kommen – mit großer Wahrscheinlichkeit, weil dein Körper noch inmitten einer Stressreaktion festhängt und es dir bekanntlich erst dann wieder gelingt auszuruhen, wenn auch bei deinem Körper angekommen ist, dass du dich in Sicherheit befindest. Wenn du dich in einem solchen Fall nicht darum kümmerst, diese Stressreaktion einmal zu Ende zu bringen, kann es schnell passieren, dass zwei Dinge miteinander verwechselt werden – nämlich Entspannung und Betäubung.

Angenommen du bist irgendwie fahrig, nervös, angespannt (hallo, sympathisches Nervensystem!), und zwar so doll, dass du dich schlicht nicht dazu in der Lage fühlst, mal eben eine Atemübung zu machen oder zu meditieren – das scheint einfach unmöglich. Also tust du das einzig Logische: Du greifst auf Strategien zurück, die sich in der Vergangenheit bewährt und dir nicht nur Linderung, sondern im Idealfall eine ordentliche Dopaminausschüttung verschafft haben. Du rauchst erst mal eine Zigarette, isst dein liebstes *comfort food*, trinkst Alkohol oder konsumierst andere Drogen, scrollst Instagram durch, schaust dir wahllos YouTube-Videos an, betreibst Onlineshopping, hast

Sex oder tust etwas anderes mit der Intention, dich abzulenken und zumindest so etwas *Ähnliches* wie Entspannung zu erfahren. Das ist so normal wie nachvollziehbar – und hat auch einfach damit zu tun, wie das Belohnungssystem unseres Gehirns funktioniert. Der sogenannte Glücksbotenstoff Dopamin ist hierbei von großer Bedeutung und sorgt nicht nur – sehr vereinfacht ausgedrückt – für ein angenehmes Gefühl, sondern verknüpft dieses Gefühl auch mit bestimmten Verhaltensweisen oder Handlungen (wie etwa denen, die ich vorhin erwähnt habe). So weiß unser Gehirn irgendwann: Aha, auf diese Verhaltensweise folgt eine unmittelbare Belohnung, fantastisch! Ein Dopamin-High sozusagen – oder wie Catherine Price in ihrem Buch *How to Break Up With Your Phone* so treffend schreibt: »Putting the dope in dopamine.«[21] (Frei übersetzt: »Das Dope steckt im Dopamin.«) Keine große Überraschung, dass dieser Botenstoff und das Belohnungssystem auch eine große Rolle bei der Entstehung von Süchten spielen.

Jedenfalls: Du bist fahrig, nervös, angespannt und greifst auf ebenjene altbewährten Strategien zurück – das tust du übrigens nicht, weil du für andere Strategien nicht willensstark genug wärst, sondern weil du ein Mensch mit Gehirn und internem Belohnungssystem bist –, und das Problem ist nicht etwa, dass diese Taktik nicht funktioniert. Im Gegenteil, das tut sie sogar sehr gut: Du bekommst deine Belohnung und fühlst dich kurzfristig besser. Ein klassischer Fall von praktischer Selbstregulation! Das Problem dabei ist allerdings, dass der Dopamin-Kick eben bloß das zu betäuben vermag, was den Übergang zur Entspannung im ersten Schritt verhindert hat.

Deswegen sind viele der Bewältigungsstrategien – auch Coping-Mechanismen genannt –, die wir uns im Lauf unseres

Lebens so aneignen, zwar im ersten Moment nützlich, jedoch nicht unbedingt nachhaltig – und das macht es ganz schön schwierig. Denn erstens ist unser Gehirn, wie wir wissen, nicht so ein großer Fan davon, neue Routinen zu etablieren (was nicht heißt, dass es nicht möglich ist!), und zweitens geraten wir dadurch ziemlich schnell in eine Spirale aus schlechtem Gewissen und Scham. In den meisten Fällen *wissen* wir doch, was gut und was eher nicht so gut für uns ist – beispielsweise ist es keine große Neuigkeit für die überwältigende Mehrheit aller Raucher*innen, dass Rauchen schädlich ist. Und trotzdem ist es so ungeheuer schwer, damit aufzuhören! Allein das Wissen darum, dass etwas *nicht gut* oder nicht nachhaltig ist, reicht nicht aus, sondern sorgt eher dafür, dass wir uns wie Versager*innen fühlen, wenn wir diese Sache dann doch wieder machen.

Noch komplizierter verhält es sich meiner Wahrnehmung nach mit Alkohol – denn der ist gesellschaftlich so dermaßen tief verwurzelt und gemeinhin akzeptiert, dass es eher kritisch hinterfragt wird, wenn eine Person *keinen* Alkohol trinkt. Für mich jedenfalls war der Konsum von Alkohol über längere Zeit eine äußerst beliebte Bewältigungsstrategie – und eine wirkungsvolle obendrein, denn verdrängen und betäuben ließ sich damit vieles ziemlich gut. Alkohol, das Paradebeispiel kurzfristiger Linderung! Dass diese Strategie keine nachhaltige war, wusste ich stets spätestens am nächsten Tag, wenn mein Körper sich rächte und es mir beschissen ging. Tatsächlich habe ich Alkohol nie sonderlich gut vertragen, erst recht nicht in größeren Mengen. Es ist auch nicht so, dass ich täglich oder schon morgens getrunken hätte – stattdessen habe ich sogar immer wieder mal zwei, drei Wochen Pause eingelegt. All das passt nicht ins gesellschaftlich etablierte Bild eines »Alkoholproblems« – ich denke aber, dass mein Trinkverhalten durchaus problematische Züge hatte. Es war auf eine Art selbstzerstörerisch, ich habe oft jegliche Kontrolle verloren, und es ging mir einfach nicht gut damit, weder körperlich noch mental. Zuletzt getrunken habe ich am 26. Oktober 2019 – *nicht* zu trinken, ist seitdem nicht immer einfach gewesen, aber ich bin jeden Tag, an dem es mir auf ein Neues gelingt, dankbar dafür.

Um aufzuhören, Alkohol zu trinken, braucht es meiner Meinung nach keine Diagnose, und Konsum ist auch nicht erst dann problematisch, wenn er auf direktem Weg in die Entzugsklinik führt. Ich habe das Gefühl, dass es uns durch die gängigen Klischees oft sehr leicht gemacht wird, das eigene Trinkverhalten zu verharmlosen, nach dem Motto: »Solange ich noch nicht täglich/morgens oder überhaupt *auf Abhängigen-Art* trinke, ist alles in Ordnung.« Oft ist es das aber nicht, und außerdem werden Menschen mit Suchterkrankung so immer weiter stigmatisiert. Fakt ist jedenfalls: Es handelt sich dabei nie um persönliches Versagen, sondern um eine Erkrankung.

Obwohl ich den Umgang mit Alkohol in unserer Gesellschaft kritisch sehe, möchte ich übrigens niemanden dafür beschämen oder verurteilen, Alkohol zu trinken oder sonstige Drogen zu konsumieren – der eigene Körper, die eigene Entscheidung, so einfach ist das.

Überhaupt – eigene, *individuelle* Entscheidungen! Weil wir doch – kleine Erinnerung – alle unterschiedliche Menschen mit unterschiedlichen Erfahrungen sind. Nicht nur bezogen auf Substanzen, sondern für die ganze große Vielzahl an Bewältigungsstrategien gilt also: Sie sind individuell. Deine eigene Entscheidung. Es wird allerdings nicht schaden, dann und wann zu überprüfen, ob dir die Strategie deiner Wahl noch immer gute Dienste erweist oder ob sich nicht etwas finden lässt, das besser zu dir passt und möglicherweise sogar nachhaltiger ist.

Ich will nicht verschiedene Strategien und Techniken gegeneinander aufwiegen – sowieso halte ich es für Quatsch, dass bestimmte Arten der Entspannung ein so viel höheres Ansehen haben als andere.

Sanftes Stretching zu Klangschalensounds? Ahhh, da ist wohl Entspannung im Gange, sehr vorbildlich. In Jogginghose auf der Couch liegen und Trash-TV schauen? Ohhh, da geht wohl jemand den Problemen lieber aus dem Weg.

Dabei geht es doch erst einmal gar nicht ums *Was,* sondern vielmehr ums *Wie!* Natürlich wird es irgendwann kritisch – wenn ich etwa zwei Wochen nichts anderes mache, als in Jogginghose Trash-TV zu schauen –, aber genauso kritisch wird es, wenn ich mich zwei Wochen ausschließlich zu Klangschalensounds stretche. Es ist einfach so, wie meine Mutter schon immer zu sagen pflegte: alles in Maßen. Oder: Die Dosis macht das Gift. Wenn ich *nur noch* meditiere, ist das genauso besorgniserregend, wie *nur noch Gute Zeiten, Schlechte Zeiten* zu schauen. Wenn ich ab und an etwas mache, das vielleicht nicht im Achtsamkeitslehrbuch auftaucht, mir jedoch kurzfristig erwünschte Ablenkung, Zerstreuung und Linderung verschafft, dann habe ich jedes Recht der Welt dazu.

»IS IT HELPING OR HARMING ME?«

Vor einer Weile habe ich den TED-Talk »The three secrets of resilient people« (»Die drei Geheimnisse resilienter Menschen«) der Neuseeländerin Dr. Lucy Hone gesehen. Hinter einem dieser Geheimnisse – dem dritten, um genau zu sein – steckt laut der Psychologin diese simple Frage: *Is it helping or harming me?* Hilft mir das, was ich gerade tue, oder schadet es mir?[22]

Für mich hat es sich als erstaunlich hilfreich erwiesen, kurz innezuhalten und mir genau diese Frage zu stellen, und zwar in den unterschiedlichsten Kontexten. Hilft es mir, noch länger wach zu bleiben, oder schadet es mir vielleicht eher? Hilft es mir, jetzt schon wieder diese App zu öffnen? Hilft oder schadet es mir, diese eine Person in den sozialen Medien zu stalken? Hilft oder schadet es mir, diese eine Aufgabe noch weiter vor mir herzuschieben? Würde es mir helfen oder schaden, ein Glas Wein zu trinken? Würde es mir guttun oder eben nicht so guttun, den ganzen Tag im Bett zu bleiben?

Es ist gleichermaßen wichtig wie herausfordernd, hierbei ehrlich zu mir selbst zu sein – und nicht nur den kurzfristigen Effekt, sondern auch längerfristige Folgen zu bedenken. Wenn ich es übe (und ich versprech's, es ist *möglich*, das zu üben!), kann es eine ziemliche wegweisende Unterstützung sein, mir diese Frage zu stellen – auch im Hinblick auf die oftmals so verschwommenen Grenzen zwischen Entspannung und Betäubung, zwischen Auszeit und Vermeidung.

Aber zurück zu Klangschalen versus Trash-TV: Welche Entspannungsstrategie von allen es nun sein soll, das entscheidest du. Es gibt keine »gute« und keine »schlechte« Art der Entspannung, solange das Ziel ist, dass du dich im Anschluss ans

Was-auch-immer-Tun ausgeruhter, entspannter oder besser fühlst als zuvor. Wenn das nach einem Videospiel der Fall ist: super. Nach einer Stunde Netflix oder Privatfernsehen: fantastisch. Nach einem Spaziergang, nach dem Schwimmen, Boxen, Handballspielen, Klettern, Meditieren oder halt Yoga: fein. Nach einem Mittagsschlaf: hervorragend! Du legst die Regeln fest – das ist die goldene Regel.

ZEIT, GEDULD UND PROKRASTINATION

Ich habe keine Ahnung, wie es bei dir aussieht – aber möglicherweise schwirrt dir noch immer im Kopf herum, dass du all diese Vorschläge und Ideen ja ganz nett findest, aber für alles Weitere nun wirklich keine Zeit hast.

Also um dich jetzt zum Beispiel *wirklich* mit deinen Bewältigungsstrategien auseinanderzusetzen oder *tatsächlich* noch zum Sport zu gehen, *ernsthaft* ausgiebig deine Gefühle zu fühlen, dich mit wiederkehrenden Gedanken zu befassen oder dich besser kennenzulernen.

Hierzu ein paar Fragen: Bist du dir ganz sicher, dass du keine Zeit dazu hast? Womit verbringst du denn deine Zeit? Ist es möglich, dass du ganz einfach gerade andere Dinge *priorisierst?* Gibt es vielleicht irgendeine Beschäftigung, irgendeine Gewohnheit, auf die du – nicht für immer, nicht jedes Mal, aber ab und an – verzichten, eine Aufgabe, die du weitergeben könntest, um dir so ein kleines Zeitfenster zu schaffen, so für den Anfang? Hast du jetzt gerade vielleicht drei Minuten, um eine Atemübung zu machen – zum Beispiel diese hier: fünf Sekunden lang tief durch die Nase einatmen, kurze Pause, acht bis zehn Sekunden lang ausatmen, kurze Pause und von vorn (ohne dabei weiterzulesen, obviously)? Oder falls du hauptsächlich sitzend arbeitest – gibt es zwischendurch mal fünf Minuten, in denen du dich auf den Rücken und die Beine hochlegen kannst, auf einen Stuhl oder gegen die Wand?

Kann es vielleicht sein, dass du den Eindruck hast, keine Zeit zu haben, weil du dir zu viel auf einmal vorgenommen hast? Weil du vielleicht noch immer an dem Plan festhältst, täglich spazieren zu gehen, obwohl du es realistisch betrachtet nicht häufiger als zweimal pro Woche schaffst? Weil du vielleicht glaubst, es nur *richtig* zu machen, wenn du jeden zweiten Tag mindestens eine Stunde lang Sport machst, jeden Morgen zwanzig Minuten meditierst und jeden Abend ein komplettes Self-Care-Ritual durchziehst?

Regelmäßigkeit ist super, und Routinen sind, sobald du sie ausreichend gefestigt hast und nicht mehr allzu viel darüber nachzudenken brauchst, mehr oder minder Erholung fürs Gehirn. Aber: Wenn du ein Mensch bist (und davon gehe ich inzwischen aus), dann wirst du es nicht schaffen, dich jeden Tag *allem* widmen zu können, was dein Leben ausmacht. Schlaf, Nahrungsaufnahme, Körperpflege, Bewegung, Familie, Kinder, Freund*innen, Lohn- und Sorgearbeit, andere Verpflichtungen, Ehrenämter, Aktivismus, Hobbys, Weiterbildung, vielleicht Religion oder Spiritualität, *und dann auch noch radikale Selbstfürsorge* (mal davon abgesehen, dass es streng genommen bereits als selbstfürsorglich durchgeht, bloß deine Grundbedürfnisse zu befriedigen)? Das alles in 24 Stunden? Hm, ja, kein Wunder, dass da entweder von vornherein der Eindruck entsteht, zu wenig Zeit zur Verfügung zu haben, oder du beim Versuch scheiterst. Statt also alles in einen einzigen Tag zu quetschen, überlege dir vielleicht eher eine Struktur für die Woche. Dir nämlich innerhalb von sieben Tagen eine volle Stunde Zeit für dich allein einzuräumen, funktioniert eventuell besser, als jeden Morgen 15 Minuten für dich haben zu wollen. Wenn Listen dein Ding sind – schreib dir Listen! Mir helfen Listen sehr gut – von klassischen To-dos (auf die ich übrigens gern auch mal so etwas schreibe wie: Aufstehen, Wasser trinken, Kaffee kochen, Duschen – weil alles abzuhaken einfach ein gutes Gefühl auslöst) bis hin zu täglichen oder wöchentlichen »Zielen«: Was muss oder würde ich gern jeden Tag machen, was ein-, zwei- oder dreimal die Woche? Das lässt sich natürlich jederzeit anpassen und verändern.

Genauso wie es zeitlich nicht möglich ist, jeden Tag alles zu tun, ist tatsächlich auch nicht jede Phase deines Lebens für das volle Programm geeignet. Wenn du vielleicht gerade frischgebackener Elternteil bist – dann mag das einfach nicht der ideale Zeitpunkt in deinem Leben sein, um deine Schlafgewohnheiten für dich angenehmer zu gestalten. In der Endphase einer Ausbildung oder eines wichtigen Projektes willst du vielleicht nicht unbedingt damit beginnen, lang Verdrängtes auszugraben, um dich damit auseinanderzusetzen. Wenn du dich gerade von einer Krankheit oder Verletzung erholst, dann hat das Priorität. Wichtig ist aber auch hier, dass du möglichst ehrlich dir selbst gegenüber bist – und es nicht zu einer Wenn-dann-Situation werden lässt, bei der dir immer neue Gründe einfallen, aus denen gerade noch nicht der richtige Zeitpunkt ist.

GEDULD UND UNGEDULD

Tatsache ist obendrein: Es ist leider nicht so, dass du bloß ausreichend lange die *richtige* Morgenroutine zu befolgen brauchst, um dann schließlich – zack! – an einem bestimmten Punkt anzukommen, ab dem du dich fortan ganz automatisch jeden Tag fantastisch fühlst. Nein. Radikale Selbstfürsorge, persönliches »Wachstum« (in Anführungszeichen, weil ich ganz klar nicht die neoliberale Optimierung meine), das Heilen alter und weniger alter Wunden braucht Zeit, ist ein nicht linear verlaufender und niemals endender Prozess.

Wenn du einmal damit beginnst, ist es ein bisschen so, als würdest du endlich diese Tür öffnen, um die du bisher bloß herumgeschlichen bist oder deren Existenz du ganz bewusst ignoriert hast, weil ja furchtbar unheimlich sein könnte, was sich dahinter verbirgt. Aber jetzt hast du's geschafft! Du hast die Tür aufgemacht, den dahinter liegenden Raum betreten – um erst mal festzustellen, dass das Licht nicht funktioniert. Aber du bist ja nicht von vorgestern, sondern hast eine Taschenlampe parat, und damit beginnst du nach und nach, den kompletten Raum auszuleuchten. Zwischenzeitlich fühlst du dich dabei unbesiegbar und sehr stark – bloß um im nächsten Moment von einer besonders staubigen und furchterregenden Ecke überrascht und möglicherweise sogar ein paar Meter zurückgeworfen zu werden. Aber du machst trotzdem weiter! Und weiter und weiter und weiter. Bis du irgendwann meinst, den Raum nun in- und auswendig zu kennen – aber dann! Ist! Da! Auf einmal! Eine weitere Tür. Zu einem weiteren Raum, in dem das Licht nicht funktioniert. Und möglicherweise gehen gerade in diesem Moment die Batterien der Taschenlampe leer.

Es ist eine Menge Geduld gefragt, was für ungeduldige Menschen – wie zum Beispiel mich – definitiv eine Herausforderung ist. Es ein bisschen anders zu umrahmen, kann schon helfen – indem du versuchst, dir nicht zu befehlen, jetzt sofort geduldig zu sein, sondern deine offensichtlich existente Ungeduld zunächst einmal hinzunehmen und dir dann zu sagen, dass du sie ja gerade gar nicht brauchst, dass sie dir gerade ohnehin nicht weiterhelfen kann.

Zur Ungeduld gesellt sich oft noch so ein diffuses Gefühl verschwendeter Zeit – so als ob keine einzige Minute verstreichen dürfte, ohne dass ich irgendeine Form von Profit daraus schlage, sei es durch Arbeit, mit der ich Geld verdiene, oder durch Maßnahmen, die mich persönlich »weiterbringen«. Oder anders: Wenn ich gerade schon kein Geld verdiene und nicht beruflich vorankomme, dann muss ich meine Zeit doch zumindest anderweitig »sinnvoll« nutzen. Im Prinzip ist das nichts anderes als eine alternative Version der verinnerlichten kapitalistischen Hustle-Kultur, und die erste Frage, die ich mir da stellen kann, lautet: Was *ist* denn sinnvoll? Wer legt das fest? Ich selbst? Oder irgendwer anders? »Die Gesellschaft«? Halte tatsächlich ich es für »nicht sinnvoll«, nicht produktiv zu sein, nichts Neues zu lernen, nichts herzustellen, zu erfinden oder abzuarbeiten? Habe ich mir ausreichend bewusst gemacht, dass die Voraussetzung für all das ist, dass ich mich zwischendurch erhole und Pausen mache – die durchaus auch so aussehen können, dass ich einfach nur Löcher in die Luft starre?

PROKRASTINATION

Ich denke und sage häufig, dass ich gerade prokrastiniere. Und ja, vielleicht mache ich das wirklich. Ich setze mich an den Schreibtisch, öffne ein Dokument – und dann den Browser. Unter Umständen, weil ich bloß schnell etwas recherchieren will, aber dann sind da auch YouTube, Twitter, Instagram, dann sind da weiterführende Links und viele E-Mails, na ja, und so weiter halt, und ehe ich mich versehe, ist es zwei Stunden später und ich habe noch kein Wort geschrieben. Das ist womöglich Prokrastination, ja. Die Frage ist bloß, ob Prokrastination immer automatisch etwas Schlechtes und Unnötiges ist – ein klassischer Fall verschwendeter Zeit oder eben nicht.

Irgendwann habe ich mal ein Interview mit der US-amerikanischen Multimediakünstlerin Miranda July gelesen, die darin sagte, dass sie selbstverständlich auch prokrastiniere – allerdings indem sie dann statt an dem einen an einem *anderen* kreativen Projekt arbeite. Wenn nicht am Film, dann halt am Roman! Oder an einer Performance! *Haha*, so einfach ist das! Das hat mich damals ziemlich unter Druck gesetzt – wenn schon prokrastinieren, dann doch bitte auf kreative und produktive Weise –, obwohl sie natürlich mit keiner Silbe erwähnt hat, dass alle anderen das doch bitte genauso handhaben müssen. Allein mir das jedoch irgendwann bewusst zu machen – dass sie *von sich selbst* sprach und das erst mal gar nichts mit mir zu tun hat (und dass sie zudem über *ganz andere Ressourcen* verfügt als ich) –, hat mir schon geholfen. Und bei mir ist es eben anders. Wenn ich an einer Sache arbeite – einer Erzählung, einem Roman, irgendeinem Text –, dann gibt es grob drei unterschiedliche Phasen. Eine Sammel-, eine Verarbeitungs- und eine Ordnungsphase. Während Sammeln aus der Anhäufung von Inspiration, Notizen, Ideen und Rohmaterial besteht und das spätere Ordnen ein bisschen vergleichbar ist mit Puzzeln, ist die Phase dazwischen eine, in der am Projekt selbst eigentlich gar nichts passiert. Ich öffne vielleicht mal das entsprechende Dokument – und schließe es schnell wieder. Oder mache etwas anderes (damit meine ich ausdrücklich kein anderes kreatives Projekt!). Ich nehme mir vor, mich am nächsten Tag aber *wirklich mal* dranzusetzen, und mach's dann wieder nicht. Das kann tage-, wochen-, das kann sogar monatelang so gehen. Zwischendrin arbeite ich dann meistens wirklich an anderen Dingen, schreibe Auftragstexte oder leite Workshops – weil ich Geld verdienen muss, um die Miete bezahlen zu können. Aber ich verfluche und verurteile mich derweil dafür, dass ich jetzt schon *so lange* nicht mehr an dieser Sache gearbeitet habe, an der ich *eigentlich* arbeiten wollte, und ich frage mich vorwurfsvoll, was denn das Problem ist, warum ich nicht einfach daran arbeite, warum ich denn schon wieder so unglaublich doll prokrastinieren muss.

Irgendwann ist mir aufgefallen, dass das, was ich für Prokrastination oder vielmehr Zeitverschwendung gehalten habe, schlicht und ergreifend *Teil des Prozesses* ist. Es ist für mich fast zwingend notwendig, zwischendurch Abstand zu einem Text oder einer Idee zu bekommen – aus unterschiedlichsten Gründen. Weil mir noch etwas fehlt, weil ich noch länger über etwas nachdenken muss. Weil sich all die Informationen in meinem Kopf zunächst mal neu anordnen, sich erst mal alles »setzen«, alles ordentlich verarbeitet werden muss. Und das geht halt unmöglich, wenn ich *gleichzeitig* an genau dieser Sache zu arbeiten versuche. Deshalb: Prokrastination! Mein Gehirn schaltet quasi automatisch in eine Art Pausen-Modus, und zwar nicht aus böser Absicht, weil es mich am Vorankommen hindern will – sondern weil es ein Vorankommen ermöglichen möchte. Puh, okay, danke, Gehirn!

Was ich mit alldem sagen möchte, ist: Wenn du vermutest, gerade zu prokrastinieren oder deine Zeit zu verschwenden – bleib nicht einfach bei dieser Vermutung und diesem Vorwurf, sondern versuche, dahinter zu steigen und zu verstehen, was wohl gerade los ist. Warum vermeidest du eine bestimmte Sache oder Tätigkeit, warum schiebst du etwas auf, warum führst du etwas nicht fort? Wie ist deine Gesamtsituation, wie fühlst du dich, wie viel Energie hast du, worüber denkst du nach, was lenkt dich ab? Und auch hier wieder: Hilft oder schadet dir, was du tust oder nicht tust?

Nicht mit einer Aufgabe anzufangen oder weiterzumachen, *kann* natürlich immer auch an der guten alten Angst liegen – tut es bei mir auch mitunter –, der Angst davor zu versagen, es falsch zu machen, nicht gut genug zu sein, nicht die gewünschten Ergebnisse erzielen zu können und so weiter. Erinnere dich also vorsichtshalber und am besten regelmäßig daran, dass es gar nicht nötig ist, vollkommen frei von Angst zu sein. Du weißt schon: Mutig zu sein, bedeutet nicht, keine Angst zu haben, sondern etwas *trotz der Angst* zu tun oder zu beginnen.

In jedem Fall: Versuche, dich nicht zu verurteilen, sondern Verständnis dafür zu entwickeln, dass es eben gerade so ist, wie es ist. Und sollte dir dabei irgendwann auffallen, dass du etwas vermeidest, weil es dir wirklich ein mieses Gefühl gibt (stark vereinfachtes Beispiel: »Oh, warum gehe ich denn nicht mehr joggen? Ah: weil dabei jedes Mal mein Knie zu schmerzen anfängt wie Hölle«), dann kannst du entsprechend darauf reagieren. Handeln. Herausfinden, woran das nun wieder liegt. Oder in letzter Konsequenz: dich davon abgrenzen.

GRENZEN

Kaum etwas ist so unangenehm, wie wenn die eigenen Grenzen überschritten werden. Bloß ist es leider gar nicht so leicht, das allzeit zu verhindern – und diese Grenzen überhaupt klipp und klar abzustecken. Denn dazu muss man sie zunächst einmal *kennen*. Allerdings ist da oft anstelle eines blinkenden Alarms vielmehr so ein halb gares Gefühl von Unwohlsein und Groll.

Diese*r eine Freund*in, die*der dich regelmäßig spätabends anruft und deinen Rat einfordert? Dem*der du aber auch nicht einfach sagen kannst, das doch bitte mal zu lassen – schließlich seid ihr ja befreundet. Oder diese*r Kolleg*in, die*der dir ungefragt Aufgaben zuschiebt: »Ist doch kein Problem für dich?« Oder dein*e Partner*in, die*der jede freie Minute mit dir verbringen will. Deine Mitbewohner*innen, für die es selbstverständlich ist, abends noch lange zusammenzusitzen oder auszugehen. Dein Date, bei dem es jetzt doch irgendwie arg schnell zu Körperkontakt welcher Art auch immer gekommen ist. Ungebetene Gäste, ungebetene Ratschläge, ungebetene Kommentare zu deinem Körper, deinen Entscheidungen, deinem Leben Tipps und Lösungsansätze für Probleme, die du womöglich gar nicht hast. Einiges davon mag ja wirklich gut gemeint sein, anderes wiederum ist ein vollkommen übergriffiges No-Go.

Immerhin, selbst wenn nichts blinkt – auch dieses halb gare Unwohlsein ist schon Indiz genug dafür, dass da etwas zumindest gefährlich nah an deine Grenzen gekommen ist, ganz egal für wie »selbstverständlich« oder »gut gemeint« es dir verkauft wird. Auch wenn andere Menschen gar kein Problem darin sehen – sie sind nicht diejenigen, die deine Grenzen definieren. Das tust *du* und nur *du allein*. Und wo sie nun verlaufen, ganz egal um welchen Lebensbereich es geht, ist auch nicht einmal festgelegt und anschließend unveränderbar, sondern flexibel und allein schon abhängig von so etwas scheinbar Banalem wie deiner Tagesform. Wichtig ist, dass du genug Rücksprache mit dir selbst darüber hältst, was gerade geht und was nicht – denn wenn du das weißt, kannst du dich erstens innerlich besser von etwas abgrenzen (beispielsweise von einem blöden Kommentar) und es zweitens auch leichter nach außen kommunizieren. Und du vermeidest im Idealfall, es immer wieder aufs Neue ertragen zu müssen und zähneknirschend hinzunehmen, dass deine Grenzen überschritten werden. Also nimm diese gemischten Gefühle – Groll, Verpflichtung, Überforderung – und leite daraus mehr und mehr ab, was deine höchstpersönlichen und körpereigenen Warnsignale sind.

Das Gleiche gilt übrigens auch andersherum – wenn jemand »Nein« sagt, dir gegenüber eine Grenze kommuniziert, dann möchtest du – und sollten wir alle – das nicht infrage stellen. Nein, auch nicht, wenn es für dich nicht einleuchtend ist, warum ausgerechnet hier die Reißleine gezogen wird. Mach dir vor allem auch bewusst, dass das nicht getan wird, um dir den Tag zu vermiesen oder dich scheinbar grundlos zu beleidigen, sondern um, nun ja, eine Grenze zu kommunizieren. Wenn du etwa deinem*deiner Partner*in sagst, mal einen Abend für dich zu brauchen, dann tust du das doch auch nicht, weil du sie*ihn zum Spaß ein bisschen quälen möchtest, sondern weil du – einen Abend für dich brauchst. Deine persönlichen Grenzen haben *mit dir persönlich* zu tun. Die Grenzen anderer Personen haben *mit diesen anderen Personen* zu tun. Und was andere Personen betrifft, wirst du nie das komplette Bild, die ganze Geschichte und sämtliche Zusammenhänge kennen – das ist bloß bei dir selbst der Fall (und nicht einmal hier gibt es eine

Garantie dafür). Wie andere Personen dir also begegnen, auf dich reagieren, welche Grenzen sie dir kommunizieren – das alles hat eben nicht nur mit dir und der gegenwärtigen Situation zu tun, sondern immer auch mit Erfahrungen dieser Personen aus der Vergangenheit, mit Mustern, Prägungen und Erlerntem. Und damit, wie sie halt gerade so drauf sind. Wenn ein*e Kassierer*in im Supermarkt nicht auf dein superfreundliches Lächeln reagiert, sondern grimmig guckt und dir vielleicht nicht einmal Guten Tag sagt – dann ist das zunächst einmal nicht *gegen dich* gerichtet. Es ist kein Angriff auf deine Persönlichkeit und hat höchstwahrscheinlich nicht einmal ansatzweise etwas *mit dir* zu tun, und darüber hinaus kannst du davon ausgehen, dass sich besagte*r Kassierer*in nicht grundlos so verhält. Du weißt nie, was für ein Problem und welchen Konflikt eine Person gerade mit sich herumträgt, wogegen sie ankämpft, welche Nachricht sie vorhin erhalten hat, und natürlich ist sie dir auch keinerlei Auskunft darüber schuldig.

GRENZEN UND KRITIK

Zusammenfassend lässt sich sagen: Nimm's nicht persönlich – also außer du musst es persönlich nehmen. Huch. Jetzt wird es noch mal ein bisschen komplizierter. Denn wo es manchmal einfach angemessen ist, dich abzugrenzen, dich zu distanzieren (was du etwa auch tust, indem du etwas nicht persönlich nimmst), so ist manchmal das genaue Gegenteil der Fall. Nicht dass es leicht wäre, da sofort die feinen Unterschiede zu erkennen – aber es ist möglich. Es ist Übungssache.

Wenn du ehrlich mit dir selbst bist, wirst du wissen, wann etwas vielleicht doch mehr mit dir und deinem Verhalten zu tun haben könnte. Hast du eine Person verletzt, wenn auch unabsichtlich? Hast du eine Grenze überschritten? Einen Fehler oder irgendetwas gemacht, wofür du nun kritisiert wirst? Und nein, kritisiert zu werden, ist auch dann kein Vergnügen, wenn du dir deines Fehlers schon längst bewusst bist.

Kritik ist unangenehm. Sie kann mitunter unser ganzes Selbstbild in sich zusammenfallen lassen – denn wir laufen ja nicht durch die Weltgeschichte und denken uns, oh, na klar, Fehler sind menschlich, sie gehören dazu, und ich kann daraus lernen! Wir haben ganz einfach *nicht die Absicht,* etwas falsch zu machen. Und deswegen ist es manchmal ein regelrechter Schock, wenn es uns dann doch passiert – und es jemandem auffällt. Unangenehm.

Und es wäre doch wesentlich weniger unangenehm, sich dann auch davon einfach abzugrenzen, oder?

Unser gesellschaftlicher Umgang mit Fehlern und mit Kritik ist problematisch. Das fängt schon damit an, dass wir in der Schule lernen, dass Fehler nicht »normal« sind und dass es gilt, alles »richtig« zu machen, damit wir dazugehören und als »gut genug« wahrgenommen werden. Keine Frage, es ist wichtig, dass uns früh genug vermittelt wird, dass unser Handeln und Verhalten durchaus Konsequenzen hat. Aber Fehler sind eben trotzdem: menschlich. Und Kritik ist kein Weltuntergang. Und eben auch kein Angriff auf dich als komplettes menschliches Wesen.

Wenn nun eine Person, die nicht dieselben Privilegien hat wie ich – eine Schwarze Person, eine trans Person, eine Person, die mit einer Behinderung lebt oder die von Mehrfachdiskriminierung betroffen ist –, in meiner Anwesenheit (ob on- oder offline) wütend ist und von Diskriminierungserfahrungen spricht, dann hat das erst mal weniger mit mir *persönlich* zu tun, als man vielleicht annimmt. Auch wenn ich die Wut sehe oder gar abbekomme. (Eine Erinnerung an dieser Stelle: Wut ist nicht per se etwas Schlimmes, sondern ein Gefühl, das gefühlt werden will und das selten aus dem Nichts und völlig ohne Grund auftaucht.) Schnell sagt man sich da: Ich wäre ja durchaus bereit, dieser Person zuzuhören, mich ihres Anliegens anzunehmen, aber – halt nicht so?! Und genau deshalb fordere ich sie auf, doch bitte »sachlich« zu bleiben, nicht so »emotional« zu sein, nicht so zu »übertreiben«. Ja, wahrscheinlich haben wir alle irgendwann mal gehört, dass es erwachsen ist, möglichst sachlich über Probleme zu sprechen – aber mit dem Erwachsensein geht nun einmal keine Abwesenheit von Emotionen einher. Und wenn ich hier jetzt Sachlichkeit einfordere, verschiebe ich (wenn auch unabsichtlich!) den Fokus der Diskussion vom Inhalt auf die Form – einleuchtend, oder? Statt dass sich mit dem angesprochenen Problem auseinandergesetzt oder nach einer Lösung gesucht wird, geht es dann plötzlich um den Tonfall und um Formulierungen – das nennt sich *Tone Policing*. Und mit der Forderung, nicht so zu »übertreiben«, komme ich schon sehr nah an Gaslighting ran: Ich negiere die Erfahrungen, die Wahrnehmung und letztlich die Lebensrealität einer anderen Person oder spiele sie zumindest herunter, indem ich sie als übertrieben bezeichne.

Wenn nun tatsächlich *ich* auf etwas aufmerksam gemacht oder für etwas kritisiert werde, dass ich gesagt oder getan habe – wenn ich zum Beispiel einen rassistischen *slur* verwendet oder mich transfeindlich geäußert habe –, dann ist auch das weder ein gemeiner Angriff auf meine Person noch ein Bloßstellen meiner Unfähigkeit. Sondern vielmehr, auch wenn das vielleicht übertrieben klingen mag, eine Anerkennung meiner Fähigkeit dazuzulernen, mein Verhalten zu reflektieren und zu verändern. Ich werde auf einen Fehler aufmerksam gemacht, damit ich es beim nächsten Mal besser machen kann.

Und außerdem: Es ist eben nicht alles so, wie es uns einst beigebracht wurde. Fehler sind wirklich normal. Allein schon deshalb, weil kein Mensch auf dieser Welt immer *alles* wissen und auf dem Schirm haben kann. Es ist unmöglich. Du kannst und darfst dazulernen. Aber du bist nicht Atréju, und du musst nicht für alles Expert*in sein.

Ich persönlich finde das ziemlich erleichternd.

MEDITATION, ACHTSAMKEIT UND YOGA

Hallo und herzlich willkommen zu einer weiteren Runde Buzzword-Bingo! Ich habe sie auch zuvor schon mehr oder weniger auffällig eingestreut, aber hier noch einmal ganz genüsslich: das Allheilmittel Meditation! Achtsamkeit! Entschleunigung! Erleuchtung! »Seitdem ich Yoga praktiziere, bin ich einfach ein neuer Mensch!« – »Dir geht's nicht gut? Hast du es denn schon bei einem Schamanen versucht?« – »Oder mit einer Achtsamkeitsmeditation?«

Wir kennen's alle. Und ja, es ergibt schon Sinn, irgendwie anwesend zu sein und etwa das Mittagessen nicht in mich hineinzuschlingen, während ich auf einen Bildschirm starre. Oder nehmen wir den Straßenverkehr! Hier unachtsam zu sein, ist wirklich brandgefährlich. Ob es aber nun tatsächlich in jedem Fall hilft, jede banale Tätigkeit sehr *bewusst* auszuführen – nun, ich weiß es nicht. Vielleicht kann es der einen oder anderen Person wirklich dabei helfen, sich »im Hier und Jetzt zu verankern«, wie es so schön heißt, oder sich von einem Problem abzulenken, auf dem sie gerade herumkaut. Und ja, auch in diesem Buch ging es schon das eine oder andere Mal darum, sich etwas erst einmal *bewusst* zu machen. Aber allein das reicht eben doch meist nicht aus, und auf die Gefahr hin, mich zu wiederholen: So einfach ist es auch hier – Überraschung! – mal wieder nicht.

Ich stolpere immer wieder über die Annahme, praktizierte Achtsamkeit oder auch Meditation sei etwas, das man tut, um sich nicht mehr »schlecht«, sondern »besser« zu fühlen, um in jedem Fall eine Veränderung zu bewirken. Darauf folgt dann als logische Konsequenz ein ziemlicher Frust, wenn diese gewünschte Veränderung, der *Shift* von »schlecht« zu »gut«, nicht erreicht wird. Natürlich wäre es super, wenn wir einfach bloß das mit dem bewussten Mittagessen zu machen oder fünf Minuten zu meditieren bräuchten, um uns im Anschluss rundum wohlfühlen und bester Laune durch den Tag flanieren zu können. Aber das ist womöglich eine etwas zu hohe Erwartung an Meditation, denn sie »tut« in diesem Sinne nichts für uns, und sie stellt keinen Zaubertrick dar.

KEINE MAGIE!

Statt dass wir durch Meditation etwas verbessern, verändern oder reparieren sollen, geht es dabei ums genaue Gegenteil – die Praktik lädt uns dazu ein, endlich einmal *nicht* verändern zu wollen, nicht zu bewerten, uns selbst zur Abwechslung mal nicht als kaputt, fehlerhaft oder als nicht genug zu begreifen – eben nicht von einem Mangel auszugehen. Im Umkehrschluss geht's aber auch nicht darum, uns Fülle und Glückseligkeit vorzugaukeln – sondern einfach bloß darum *zu sein*. Den gegenwärtigen Moment, das Hier und Jetzt, so zu lassen, wie es ist, und darin zu existieren. Zu sitzen. Zu liegen. Zu stehen. Zu gehen. Und darum, eine gewisse Distanz zu den eigenen Gedanken zu schaffen – was nichts damit zu tun hat, jene als unangenehm empfundenen Gefühle einfach zu verdrängen oder schönzureden. Ich nehme sie stattdessen schlicht und ergreifend *wahr* – und versuche, sie nicht zu bewerten. Je nachdem wie ich mich gerade fühle, kann meine Meditationserfahrung also ziemlich variieren – denn damit, Gefühle oder Zustände *wahrzunehmen*, geht auch einher, sie *auszuhalten*. Das kann einfach nur ungewohnt, aber unter Umständen sogar beängstigend sein.

Nehmen wir als Beispiel mal wieder Wut: Ich verspüre Wut, und ich möchte jetzt meditieren, weil ich mir erhoffe, mich so von diesem Gefühl lösen zu können – weil ich es als unangenehm empfinde, weil es mich stört, weil ich gerade keine Zeit dafür habe. Ich will also verändern, was ich fühle, und gehe so automatisch in den Widerstand gegen mich selbst. Ich wehre mich gegen die Wut, ich agiere aus einem Mangelgefühl heraus: Ich bin und fühle gerade nicht so, wie ich es gern hätte! Die Wahrscheinlichkeit, dass sich meine Wut auf diese Weise einfach in Luft auflöst und ich meinen inneren Buddha channeln kann, ist nicht besonders groß. Stattdessen setze ich mich so bloß noch mehr unter Druck, und es ist gut möglich, dass ich mich nach dieser »nicht erfolgreich« durchgeführten Meditation schlechter fühle als zuvor: »Verdammte Scheiße, ich hab doch meditiert, warum zur Hölle bin ich denn dann immer noch wütend, warum bin ich nicht in der Lage, einfach mal zu *entspannen* und in mir zu ruhen?!«

Wenn ich aber zunächst einmal akzeptiere, dass diese Wut gerade vorhanden ist – das heißt noch lange nicht, dass ich das ganz toll finde –, wenn ich ihr den Raum zugestehe, den sie sich ohnehin schon genommen hat, und einfach beobachte, was gerade in mir geschieht, dann mag das unangenehm sein, löst aber diesen Widerstand auf. Ich kann mir zum Beispiel sagen: »Aha, da ist jetzt also Wut, interessant. Wie sie da umherwabert in meinem Kopf, oh, und jetzt im Bauch. Wie sie meinen Herzschlag beschleunigt.« So stoße ich diese Emotion nicht weg, verdränge sie nicht, überlagere sie auch nicht mit Pseudopositivität, sondern lasse sie einfach existieren, lasse sie da sein, ohne sie zu bewerten. Ohne mich dafür zu verurteilen, ohne den Fehler bei mir zu suchen oder mich zusätzlich zur bereits vorhandenen Wut auch noch dafür fertigzumachen, sie zu empfinden.

Kleine Erinnerung: Fühl Gefühle! Und vergiss nicht die Stressreaktion in deinem Körper! Wenn ich so richtig knallwütend bin, erhöhte Herzfrequenz inklusive, dann ist es empfehlenswert, zunächst wieder in den *Rest-and-digest*-Modus zu finden – zum Beispiel durch Bewegung in irgendeiner Form. Es kann helfen, zum Sport oder auch bloß spazieren zu gehen, mich zu schütteln, zu staubsaugen, in ein Kissen zu boxen, Socken an die Wand zu werfen (mein persönlicher Favorit) oder – ein Klassiker – etwas kaputt zu machen – sofern das in einem kontrollierten Rahmen möglich ist. *Und im Anschluss* kann ich mich mit dem Reiz befassen, mich dem Auslöser der Wut widmen und schauen, welchen Handlungsspielraum ich habe.

Da wir es aber nun mal *sehr* gewohnt sind, unangenehme, vermeintlich »schlechte« Gefühle zu verdrängen oder zu betäuben, halten wir Meditation oft völlig selbstverständlich für einen weiteren Verdrängungsmechanismus oder für eine Technik, unsere Gefühle und Gedanken zu *managen*, zu kontrollieren. Wenn wir jedoch kontrollieren, es unbedingt »richtig« machen wollen, haben wir quasi schon verloren – ganz einfach weil es ja eigentlich darum geht, Kontrolle *abzugeben* und endlich einmal loszulassen.

Nicht unbedingt leichter wird es durch das massive Angebot verschiedenster Meditationstechniken – als App, Podcast, IG-Live- oder YouTube-Video –, die dir von vornherein eine bestimmte Wirkung versprechen. Es gibt eine Meditation für jede Lebenslage! Um dich vor einem sportlichen Wettkampf zu motivieren beispielsweise, um das Gedankenchaos zu beseitigen, um wieder mehr Fokus zu erlangen, um die Kreativität anzuregen, um dich vor dem Essen herunterzufahren, um die Selbstheilungskräfte zu aktivieren, um dankbarer zu sein, um mehr Leichtigkeit zu verspüren oder etwa auch, um tief sitzende Traumata zu verarbeiten (was einfach, nein, nein, nein, *nicht möglich* ist durch Meditation allein).

All das verstärkt diesen Irrglauben, dass auf Achtsamkeitsübungen oder Meditation automatisch folgen sollte, dass wir glücklich, ausgeglichen und frei von jeglichen »negativen« Gefühlen sind – und es ist absolut verständlich, dass daraus ein Groll resultiert, weil es offensichtlich *nicht funktioniert*. Das wiederum führt schnell zur Annahme, dass derlei Techniken eben nur etwas für privilegierte Menschen sind, denen es sowieso schon ziemlich gut geht und die mit Leichtigkeit in ihre Tagebücher schreiben können, wie dankbar sie dafür sind.

Tatsächlich wird vieles, was unser Wohlbefinden verbessern kann, häufig als sehr kompliziert dargestellt. Als hätten nur bestimmte Expert*innen und Gurus den Überblick und als müsste man eben erst diesen einen Kurs belegen, zum Coaching oder zur Energiereinigung gehen, zwölf dicke Bücher lesen, sich eine besondere Ausrüstung zulegen und in jedem Fall: Geld investieren. Und klar, manchmal ist es sinnvoll, sich Hilfe zu holen, sich unterstützen und beraten zu lassen. Aber nicht jede*r Heiler*in, den*die du im Internet aufspürst, verfügt über eine entsprechende medizinische und/oder psychologische Ausbildung, die notwendig ist, um Erkrankungen diagnostizieren und behandeln zu können. Niemand sollte dir Wunderheilungen versprechen und dich damit letztlich bloß zum Geldausgeben überreden dürfen. Und nicht jede*r ist Expert*in für dich und deine Gefühle – das bist letztendlich bloß du selbst. Du entscheidest, wann und ob du dir professionelle Unterstützung holst – und du entscheidest, zu welchem Zeitpunkt du dich mit bestimmten Erfahrungen, Emotionen oder Stressauslösern konfrontierst.

Was nun Traumaerfahrung[23], eine posttraumatische Belastungsstörung oder auch ein kompliziertes Verhältnis zum eigenen Körper angeht – da ist es einfach kein Kinderspiel, loszulassen und die Kontrolle abzugeben, sondern oft mit Ängsten und Überforderung verbunden. Es birgt ein Risiko, sich von Bewältigungsstrategien loszusagen, sich auf das zu fokussieren, was nicht grundlos verdrängt oder auf Abstand gehalten wird. Einige Techniken, bei denen man sich auf den Körper konzentriert (wie etwa der Bodyscan – hierbei wandert man mit der Aufmerksamkeit von Körperteil zu Körperteil), sind dann besonders für den Anfang nicht empfehlenswert. Auch bestimmte Atemübungen können für Menschen, die mit Traumaerfahrung oder einer Angsterkrankung leben, erst einmal überfordernd sein und als unangenehm empfundene Emotionen triggern. Eine bessere Idee, um sich etwa in der Gegenwart zu verankern, ist es da, die volle Aufmerksamkeit auf die Umgebung zu richten – was kann ich sehen, riechen, hören, schmecken? Und für mehr Entspannung kann – vielleicht etwas kitschig, aber durchaus effektiv – die gute alte Traumreise sorgen. Zusammengefasst geht es also auch hier vielmehr um kleine Schritte statt gleich um massive Veränderungen – und erst einmal darum, überhaupt herauszufinden, was dir persönlich guttut und hilft.

KULTURELLE UND SPIRITUELLE ANEIGNUNG

Kommen wir noch mal zum Stichwort »Privilegien« – und damit auch zu kultureller beziehungsweise spiritueller Aneignung.

Das ist etwas, das oft geflissentlich ignoriert wird, denn schließlich tut ein bisschen Yoga doch niemandem weh, oder?

Puh, nein, aller Wahrscheinlichkeit nach nicht, oder anders handelt es sich hier schon wieder um einen Fall von: Es meint erst mal nicht dich *persönlich*. Es meint nicht deine friedliche und sehr liebevolle Yogapraxis auf dem Schlafzimmerparkett. Und es geht auch nicht darum, dass dir diese nun verboten werden soll.

Auch wenn dir schon bewusst sein mag, dass Yoga etwas anderes als »Fitnessprogramm« oder »Stressreduktion« ist, nämlich eine ganzheitlich-spirituelle Praxis, die aus mehr als Asana besteht (Meditation beispielsweise ist auch ein Teil davon) und ihren Ursprung in Indien hat – ist dir *auch* bewusst, dass Yoga und Ayurveda dort während der britischen Kolonialzeit verboten wurden? Harter Tobak, besonders im Hinblick darauf, wer heute so mit Yoga Geld verdient. Das ist das Problem kultureller oder spiritueller Aneignung: Es wird nur das aus einer Kultur oder spirituellen Lehre »herausgepickt«, von dem man profitiert, während man sich nicht damit auseinanderzusetzen braucht, welche Geschichte, welche kollektiven Traumata womöglich damit zusammenhängen.

Auch Yoga existiert innerhalb gesellschaftlicher, postkolonialer und kapitalistischer Strukturen. Und diejenigen, die dank des regelrechten Yogabooms der vergangenen Jahrzehnte Geld damit verdienen, sind eben zum Großteil: *weiße* Personen. Es ist ja nicht nur der Unterricht, es sind nicht nur die Yogastudios, sondern auch der ganze Rattenschwanz, der dranhängt – Yogakleidung, Yogamatten, Yoga-Accessoires, Yogareisen und -Retreats, außerdem auch ayurvedische Ernährungsberatung sowie Kochbücher – und aus dem Kapital geschlagen wird. Zudem sind Yogaräume und -kurse auch nicht immer für alle gleichermaßen zugänglich, weil sie ganz schön teuer und allein dadurch exklusiv sein können. Oder weil sie von einem bestimmten Körpertypen – *weiß*, schlank, haarlos, normschön und gesund – dominiert werden. Und na ja, mit der Genauigkeit hat man es eben auch oft nicht so, und dann hängt das Om-Zeichen womöglich verkehrt herum an der Wand oder es wird sich zwar um Sanskrit bemüht, aber alles falsch ausgesprochen und betont, oder man konzentriert sich eben doch primär auf den physiologischen Effekt – auf der englischsprachigen Website decolonizingyoga.com habe ich dazu gelesen: »[...] yoga is going through a second colonization.«[24] (»Yoga durchläuft eine zweite Kolonialisierung.«)

Es gibt neben Yoga noch einige weitere Praktiken, Rituale und jahrhundertealte Bräuche, die *weiße* Menschen sich gern mal aus anderen Kulturen aneignen. Allein – sehr *New-Age*-mäßig – das Verbrennen von Palo Santo – ein Holz, das von einem Baum stammt, der in Mittel- und Südamerika wächst. Und genau dort hat das Räuchern damit seine Wurzeln: im südamerikanischen Schamanismus. Schamanismus überhaupt! Den hat nicht *Rolf-Dieter, der Schamane deines Vertrauens* erfunden, nein, seine Ursprünge liegen in Südamerika, in der indigenen Bevölkerung Nordamerikas und in Nordasien. Das ganze Konzept der Achtsamkeit sowie die »Arbeit mit dem Ego« kommen aus dem Buddhismus und damit ebenfalls aus Asien. Das Räuchern mit weißem Salbei hat seinen Ursprung in indigenen Communitys in Nordamerika – und war genau diesen dort nebst vielen anderen traditionellen Ritualen für lange Zeit vonseiten der US-Regierung verboten.

Inzwischen ist sowohl das Verbrennen von Palo Santo als auch von Salbei zu einer Art globalem Trend geworden, was kommerziellen und damit ökologisch nicht nachhaltigen Anbau zur Folge hat – und im Fall des weißen Salbeis in den letzten Jahren für eine Versorgungsknappheit gesorgt hat, von der primär auch wieder indigene Communitys betroffen sind.

All das heißt nun nicht, dass du künftig kein Yoga mehr machen, deine Wohnung nicht mehr ausräuchern oder nicht achtsam sein »darfst« – verbieten könnte dir das ohnehin niemand, wie auch? Ich halte es aber auch für einen wichtigen Aspekt eines achtsamen Lebens, dir bewusst zu machen, was für ein Privileg allein die Tatsache ist, *dass es dir niemand verbieten kann*. Was für ein Privileg es ist, überhaupt Zugang zu all diesen uralten Praktiken, Bräuchen, Werkzeugen und spirituellen Lehren zu haben, die durchaus dazu beitragen können, dass du dich in deinem Leben besser zurechtfindest. Und nein, auch wenn du ein sehr teures und ausschließlich von *weißen* Personen frequentiertes Yogastudio besuchst, tust du damit niemandem *aktiv weh* – im Gegenteil tust du vielleicht nicht nur dir selbst, sondern auch deinem Umfeld einen Gefallen, weil du dadurch ausgeglichener bist und in Folge freundlicher und nachsichtiger mit anderen sein kannst. Aber solange diese Zugänglich- und Möglichkeit nicht für *alle* gleichermaßen gegeben ist, bleibt hier ein Ungleichgewicht, eine Ungerechtigkeit bestehen, wird ein bestimmtes Machtverhältnis aufrechterhalten.

In jedem Fall ist es wichtig, dass wir uns tiefer gehend und respektvoll mit etwas auseinandersetzen, statt bloß in vereinfachter und verkürzter Form zu konsumieren, was gerade angesagt ist oder irgendwie mystisch und *edgy* daherkommt.

Jahrhundertealte spirituelle Lehren werden sich uns nicht durch zwei YouTube-Videos oder einen Einkauf im Onlineshop für Heilsteine erschließen. Sowieso: Kaufen können wir allerhöchstens Produkte, aber keine Spiritualität, keine spirituelle Praxis. Es ist wichtig, uns das immer wieder bewusst zu machen. Außerdem ist es wichtig, Fragen zu stellen – den Menschen, von denen wir lernen (beispielsweise im Yogastudio), aber auch uns selbst. Und auch dann, wenn es unangenehm wird. Und nicht zuletzt ist es von großer Bedeutung, im Blick zu behalten und kritisch zu hinterfragen, wer denn nun eigentlich profitiert, wer Geld mit was verdient – und in wen und was wir unser Geld investieren.

SELBSTFÜRSORGE UND FEMINISMUS

Okay, hier sind wir also angekommen beim letzten Kapitel dieses Buches. Was ziehen wir nun aus alldem heraus, was ist die sogenannte *Take-Home-Message?* Gibt es nicht doch noch den einen ultimativen Tipp, die genaue Anleitung, das große Geheimnis, endlich gelüftet auf den allerletzten Metern? Wie versprochen muss ich dich enttäuschen: Nein, das gibt es leider nicht. Also im wahrsten Sinne des Wortes – es existiert weder ein Patentrezept noch eine leicht konsumierbare Einheitsgröße von Selbstfürsorge. Wir alle müssen ganz individuell herausfinden, was für uns funktioniert. Und es geht auch gar nicht um die eine ganz, ganz große Sache, sondern zunächst einmal bloß um einen Impuls. Um eine kleine Veränderung, eine kurze Unterbrechung des Autopiloten. Um eine vermeintliche Banalität, die einen Prozess in Gang setzen kann.

Vielleicht fängst du an, eiskalt zu duschen. Oder selber zu kochen. Oder täglich spazieren oder wöchentlich zum Boxen zu gehen. Oder Orakelkarten zu ziehen, zu meditieren, Morgenseiten zu schreiben. Oder du machst etwas völlig anderes. Denn ganz egal was – es geht darum, *etwas zu tun,* und zwar praktisch und nicht nur theoretisch. Vielmehr als darum, irgendwelche Regeln zu lernen oder Pläne zu befolgen, geht es darum, einfach auszuprobieren. Zu experimentieren. Es geht darum, anzufangen und weiterzumachen.

Für mich war einer dieser ersten Impulse Anfang 2019 das Tanzen. Ich habe zwar auch vorher schon mal getanzt – dort, wo es nur schwer zu vermeiden war, wie zum Beispiel mit 16 in einem furchtbaren Standard-Tanzkurs oder im Club und auf Partys. Aber einfach so, für mich, zu Hause, in meinem Wohnzimmer? *Ich,* mit meinem seit jeher seltsamen Körpergefühl und meiner vom vielen Sitzen verkürzten Muskulatur? Das war bis dahin noch nicht vorgekommen. Inspiriert dazu hat mich unter anderem meine Freundin Havilah, die sich oft beim Tanzen filmt und die Videos online veröffentlicht. Und irgendwie erinnerte ich mich dadurch daran, dass ich sowohl einen Körper als auch das Privileg habe, ihn bewegen zu können. Und irgendwann habe ich genau das einfach *gemacht*. Ich habe einfach angefangen, die Musik aufgedreht und mich bewegt. Vielleicht sehr unkoordiniert, vielleicht nicht sonderlich grazil, eventuell nicht einmal im Takt. Aber es machte Spaß. Erstaunlich *viel* sogar. Und ich fühlte mich danach irgendwie erleichtert – so energetisiert und gleichzeitig ausgepowert (hallo, Parasympathikus!). Also tanzte ich am nächsten Tag wieder. Und ein paar Tage später auch. Ich tanzte, ich schwitzte, ich kam aus der Puste. Ich stellte mir eine passende Playlist zusammen und ergänzte meine Tanzpraxis nach einer Weile um ein paar Dehnübungen, denn ja, meine Muskulatur ist *wirklich* verkürzt. Und wer hätte es gedacht? Tatsächlich tat mir, die ich sonst einen Großteil meiner Zeit sitzend verbringe, all dieses Dehnen und Bewegen ungeheuer gut. Und tut es noch immer. Tanzen gibt mir ein Gefühl für meinen Körper – genauer gesagt das Gefühl, *in meinem Körper zu sein* – und die Möglichkeit, mich kreativ auszuleben, auf eine improvisatorische und spielerische Art. Ohne dass es bewertet wird, ohne dass ich es jemandem zeigen oder Geld damit verdienen muss. Ohne dass ich mich selbst bewerte oder verurteile. Es gibt keine Regeln, es braucht weder ein »Ergebnis« am Ende, noch muss ich bestimmte Voraussetzungen erfüllen, um überhaupt anfangen zu können. Hab einen Körper und bewege ihn so, wie es für dich möglich ist – so einfach ist das.

Nun löst Tanzen allein keine akuten Krisen oder Probleme, und es stellt weder die formvollendete Selbstfürsorge noch einen feministischen Akt dar – zumal sicherlich nicht einmal jede*r überhaupt Spaß daran hat. Aber das ist nicht schlimm, denn es geht eben um viel mehr als bloß ums Tanzen *an sich*. Es geht um mich und um meine Bedürfnisse. Darum, mir zu erlauben, etwas *nur für mich* zu tun, völlig unabhängig davon, was dabei herauskommen mag – Selbstfürsorge als Selbstzweck. Selbstfürsorge als eine Übung darin, mich nicht zu bewerten, nicht zu verurteilen. Das ist es: eine Übung, eine Praxis. Und zwar nicht mit dem Ziel, irgendwann Perfektion zu erreichen und aufhören zu können, sondern um immer weiterzumachen, um immer wieder zurückzukehren. Um dein Vertrauen in dich selbst zu stärken – denn irgendwann hast du eine Praxis entwickelt und ein paar neue Strategien erprobt, irgendwann kannst du auf Erfahrungswerte zurückgreifen und weißt sogar in einer Krisensituation: Doch, doch, beim letzten Mal *hat es geholfen*, das Telefon wegzulegen/rauszugehen/mit jemandem darüber zu sprechen/... – also funktioniert es bestimmt auch dieses Mal!

Es ist mehr als hilfreich, für solche Fälle eine SOS-Liste anzulegen. Eine Sammlung ganz konkreter Dinge, die du tun kannst, um dich aus einer Situation rauszuholen, um etwas Abstand zu gewinnen, um Erste Hilfe zu leisten, wenn du merkst, dass bestimmte Emotionen dich zu überfordern beginnen. Und dann solltest du dich, wer hätte es gedacht, tatsächlich auch an diese Liste *halten*. Selbst wenn du in der betreffenden Situation erst mal nicht glauben magst, dass ausgerechnet *das* jetzt helfen kann. Es steht auf deiner SOS-Liste, also tust du es. Das kann zum Beispiel sein:

- Social-Media-Stopp und Telefon weg
- Ein Glas Wasser trinken
- Rausgehen
- Bewegen
- Tanzen
- Darüber schreiben

(Alles nur Vorschläge! Deine persönliche SOS-Liste kann auch ganz anders aussehen.)

Du machst es einfach, und selbst wenn es nicht sofort Wirkung zeigt ... tut es das in den meisten Fällen dann doch.

Mir hilft es bei akuter Überforderung manchmal sogar schon, im ersten Schritt zu überprüfen, ob all meine Grundbedürfnisse gedeckt sind. Habe ich genug gegessen? Habe ich ausreichend Wasser getrunken? Habe ich zu wenig geschlafen, zu wenig Pausen gemacht? War ich heute schon an der frischen Luft? Vielleicht verbessert sich mein Zustand nicht augenblicklich, wenn ich feststelle, eindeutig nicht genug geschlafen zu haben – aber ich kann nach einer solchen Erkenntnis immerhin versuchen, etwas verständnisvoller mit mir zu sein.

Manchmal hat Selbstfürsorge vor allem mit Überleben zu tun. Wir überleben, weil wir dafür sorgen, dass unsere physiologischen Bedürfnisse erfüllt werden. Meist bekommen wir das hin, ohne groß darüber nachdenken zu müssen, aber gelegentlich fällt es uns schwerer. Wahre Selbstfürsorge ist, auch dann weiterzumachen, *trotzdem,* immer. Sogar *und gerade dann,* wenn wir uns in einer individuellen oder kollektiven Ausnahmesituation (wie etwa, absurdes Beispiel, ich weiß: eine globale Pandemie) befinden, wenn unser tiefes Bedürfnis nach

Sicherheit nicht erfüllt ist, wenn uns der Kontakt zu anderen Menschen fehlt und wir uns allein fühlen. Selbstfürsorge bedeutet, im Rahmen deiner Möglichkeiten für dich selbst da zu sein, komme, was wolle. Dich zu fragen, was du brauchst, um durch den Tag zu kommen. Dich zu fragen, was helfen könnte, damit dir das ein bisschen leichter fällt, damit es dir möglich ist, gelassener durch die Vielzahl deiner Gefühle zu navigieren.

Selbstfürsorglich zu sein, bedeutet, genau hinzusehen und deine Bedürfnisse besser kennenzulernen. Dir überhaupt zuzugestehen, Bedürfnisse zu haben und diese erfüllen zu dürfen – auch wenn dir gesellschaftliche Normen, unterdrückende Strukturen oder vergangene Erfahrungen das Gegenteil einzureden versuchen. Indem du lernst, deine Bedürfnisse einzuordnen und auf eine Art und Weise auf sie zu reagieren, die dir guttut, bekämpfst du diese Normen und Strukturen – im Kleinen, ja, sicher, aber *immerhin bekämpfst du sie*. Du leistest Widerstand und du befreist dich, indem du eigene Entscheidungen triffst und herausfindest, wie du dir selbst in allen möglichen Situationen am besten helfen kannst – und manchmal ist es eben Selbsthilfe, zu erkennen, dass du gerade zusätzlich Hilfe von außen brauchst. Selbstfürsorglich zu sein, bedeutet außerdem, dir selbst zu verzeihen, wenn du dich *nicht* so verhältst, wie du es gern würdest. Wenn du in alte Muster und Gewohnheiten zurückfällst, von denen du dich nur schwer lösen kannst oder von denen du dachtest, sie längst hinter dir gelassen zu haben. Aber zurückzufallen heißt nicht, dass das bisherige Bemühen umsonst war oder dass du gescheitert bist – stattdessen zeigt es, dass du dich *in einem Prozess* befindest, der nicht linear abläuft und zu dem Rückschritte genauso dazugehören wie Fortschritte. Du musst nach einem Rückfall nicht wieder bei null anfangen – weil du bereits mittendrin steckst. Und du musst auch nicht in einem bestimmten Tempo vorankommen – denn es gibt immer bloß deine individuelle Geschwindigkeit, und genau die ist richtig für dich. Es ist kein Wettrennen!

Ich habe am Anfang versprochen, keine »Mach *immer* das!«- und »Tu *niemals* dies!«-Ratschläge zu geben, und daran möchte ich mich auch halten. Zumal es sowieso nichts bringen würde, dir zu raten, dass du dich bitte niemals, niemals wieder so vernichtend verurteilen solltest, wie du es garantiert schon mal getan hast – weil eben *auch das* aller Voraussicht nach wieder passieren wird. Und wenn es wieder passiert, dann übst du, dir wiederum *das* zu verzeihen. Denn auch das ist Selbstfürsorge: eine ständige Übung darin, dir zu vergeben, nachsichtig zu sein, dir mit Sanftheit und, nun ja, eben mit Fürsorge zu begegnen.

Es ist eine Übung darin, dir bewusst zu machen, dass es nicht den einen Moment geben wird, ab dem alles für immer gut ist (genauso wenig wie es das eine Buch, die eine Sache, die eine Person gibt, die dich retten wird) – sondern dass alles, alles, alles temporär ist. Jedes Gefühl, jede Emotion, jede Stimmungslage. Alles verändert sich, alles entwickelt sich weiter, alles endet, und alles beginnt immer wieder von vorn. Es ist *nicht möglich*, dich immer auf demselben Glückseligkeitslevel zu befinden – aber es ist durchaus möglich, in Erfahrung zu bringen, wie du dich auffangen kannst, wenn es dir nicht gut geht.

Keine Frage: Es erscheint nicht gerade sexy, die Person zu sein, um dich sich gekümmert werden muss. Es ist nicht easy, die Person zu sein, die sich kümmert, und sich zu kümmern, ist auch nicht mal eben schnell erledigt, bevor's dann genauso weitergeht wie bisher. Und ich weiß: Es ist *definitiv* eine

Herausforderung, parallel die Person zu sein, um die sich gekümmert werden muss, *als auch die, die sich kümmert*. Es ist ungewohnt, es ist schwierig, aber es funktioniert. Vielleicht ist es für den Anfang hilfreich, wenn du dir vorstellst, dich um eine Person zu kümmern, die du liebst: Wie würdest du mit deinem*deiner Freund*in, deinem Kind, deinem*deiner Partner*in sprechen, wie würdest du dich verhalten, was würdest du tun, wenn es ihr*ihm nicht gut geht? Oder vielleicht auch: Was würde eine Person, die *dich* liebt, dir gerade sagen, raten, wie würde sie dir beistehen? Würde sie dich entmutigen, dich niedermachen, dich verurteilen? Oder würde sie versuchen, verständnisvoll und mitfühlend zu sein, dich zu trösten und aufzubauen und nach praktischen Lösungsmöglichkeiten zu suchen?

Ich jedenfalls sage dir: Mit der Zeit wird es vielleicht nicht gleich besser, aber *einfacher*. Leichter. Du wirst kein neuer Mensch und keine *bessere* Version deiner selbst werden. Darum geht es aber auch gar nicht. Es geht darum, dass es dir mit der Zeit besser gelingen wird, für dich da zu sein. Und ja, dadurch wird es dir *besser gehen*. Auch wenn sich gewisse Umstände deines Lebens und die politische Situation nicht in dem Maße ändern, wie es wünschenswert und erforderlich wäre, so kommst du doch *besser damit zurecht*. Damit meine ich nicht, dass du Ungerechtigkeiten und Leid künftig einfach weglächelst – aber du bist für den Umgang damit besser *gewappnet*. Du holst dir ein Stückchen Macht zurück, indem du sie den äußeren Umständen entziehst. Indem du deinem Wohlergehen einen höheren Stellenwert beimisst, als die äußeren Umstände es tun – das ist ein radikaler, feministischer Akt! Du ermächtigst dich selbst, indem du eben nicht darauf wartest, dass die Gesamtsituation sich verbessert, bevor du dir gestattest, für dich selbst zu sorgen. Und, großer Bonus: Wenn es dir besser geht, dann trägst du dadurch dazu bei, dass die Welt ein besserer Ort *ist*.

Klingt nicht überzeugend? Klar, wie schon so oft gesagt – bloß dass du ausreichend hydriert etwas Schönes nur für dich tust, macht dich nicht zu einem*einer politischen Aktivist*in. Es sorgt nicht *automatisch* für mehr soziale Gerechtigkeit. Aber erstens bist du unverkennbar Teil dieser Welt. Und wenn es dir als *Teil dieser Welt* besser geht, du mehr bei dir bist und leichter zu dir zurückfindest, dann ist immerhin *dieser Teil der Welt besser*. Dann existiert ein bisschen mehr Stabilität. Und zweitens: Wenn es dir, wenn es diesem kleinen Teil der Welt besser geht, dann hat das auch direkten Einfluss auf die Menschen um dich herum. Auf dein engstes Umfeld, deine Liebsten, auf deine Nachbar*innenschaft, deine Community, deine Kolleg*innen, dein Publikum, deine Kund*innen, deine Klient*innen, deine Verbündeten. Wenn du für dich selbst da bist und Rücksicht auf dich nimmst, dann kannst du umso mehr Ressourcen teilen, umso nachhaltiger für andere da und rücksichtsvoll ihnen gegenüber sein. Du kannst solidarisch sein, für andere einstehen, dich für diejenigen starkmachen, die selbst vielleicht gerade keine Kraft mehr haben. Du schaffst so die Basis, um dich dafür einsetzen zu können, dass sich *auch* auf politischer und gesellschaftlicher Ebene etwas verändert. Egal wie winzig die Schritte auch sein mögen, egal wie bodenlos das Fass im Endeffekt ist. Du kannst und wirst die Welt nicht von allem Unrecht befreien – *du bist nicht Atréju!* Du bist nicht (und wir sind nicht) allein dafür verantwortlich, dass sich etwas ändert – hierfür muss auf politischer und entscheidungstragender Ebene etwas passieren, und ja, es ist mehr als frustrierend, wenn das nicht geschieht. Aber diese Tatsachen müssen dich nicht davon abhalten, selbst Verantwortung zu übernehmen und zu tun, was in deiner Macht steht. Und in deiner Macht steht beispielsweise, dich mit dir selbst und mit tief verankerten Denkmustern auseinanderzusetzen, problematische Normen und Strukturen zu hinterfragen und anderen zuzuhören. In deiner Macht steht es, Fehler als etwas Menschliches zu begreifen und dich nicht persönlich angegriffen zu fühlen, wenn dich jemand kritisiert oder auf einen Fehler aufmerksam macht. Es steht in deiner Macht, dazuzulernen und dich um deine Seite der Straße zu kümmern. Und damit eben auch um dich selbst. Der Ursprung radikaler Selbstfürsorge liegt dort, wo auch gesellschaftlicher Wandel beginnt – bei dir, bei mir, bei uns. In unseren Köpfen.

***

Zu guter Letzt: Auch ein Buch kann wohl kaum die Welt verändern. Aber zumindest kann es ein Anstoß sein, einen Impuls geben, eine neue Perspektive eröffnen. Es kann inspirieren, und es kann dich definitiv wissen lassen: Du bist nicht allein! Und das ist wirklich wahr, ganz gleich, was du durchmachst und wie du dich fühlst, du bist damit nicht allein. *We're in this together.* Und ich weiß es doch auch alles nicht. Ich bin – noch immer! – keine Expert*in. Ich probiere selbst bloß aus, und ich mache Fehler, und ich mache weiter, und ich kehre zurück, und ich lerne stetig Neues dazu. Ich bin nirgendwo *angekommen* – aber das ist nicht schlimm, denn es gibt gar kein Ziel! Es gibt keine einfache Lösung, wie sie uns der Kapitalismus so gern zu verkaufen versucht. Was es jedoch gibt, sind Wege, Prozesse und Strategien, um mit allem umzugehen, um überhaupt zurechtzukommen. Um Gleichzeitig- und Widersprüchlichkeiten auszuhalten. Wir können innerhalb eines kapitalistischen Systems existieren und es gleichzeitig anprangern. Wir können Teil einer Gesellschaft sein, die Gefühle abwertet, und dennoch *fühlen* und mitfühlend sein. Wir können von unterdrückenden Strukturen umgeben und gleichzeitig Feminist*innen sein. Wir können uns in einer Welt voller Unrecht befinden und uns dennoch erlauben, für uns selbst zu sorgen und uns besser zu fühlen – oder vielmehr: nicht dennoch, nicht trotzdem, sondern *gerade deswegen*.

EINE LISTE

Hier eine unvollständige Liste an Dingen, die sich als Selbstfürsorge bezeichnen lassen:

Endlich einen Termin bei der*dem Zahnärzt*in machen, Musik hören, ein Ortswechsel, Morgenseiten schreiben, spazieren gehen, im Park sitzen, Kuchen essen, den Kleiderschrank ausmisten, warm duschen, rechtzeitig Mittagspause machen, zum Yoga gehen, eine*n Freund*in anrufen, dir etwas kochen, in ein Kissen schreien, eine Gesichtsmaske auftragen, ein Konzert besuchen, den Schreibtisch aufräumen, zum*zur Friseur*in gehen, ausschlafen, dein Telefon ausschalten, rechtzeitig aufstehen, endlich diesen einen Anruf tätigen, dich bei jemandem entschuldigen, ein Treffen absagen, die Fingernägel lackieren, Sport treiben, Tagebuch schreiben, Kaffee trinken, einen Psychotherapieplatz suchen, Atemübungen machen, Kerzen anzünden, Trash-TV schauen, eine Reise planen, wandern gehen, Musik machen, eine Maschine Wäsche waschen, Wasser trinken, tanzen, ein Buch lesen, dich fortbilden, Zeit in der Natur verbringen, das Bett machen, schwimmen, gärtnern, in die Sauna gehen, dich massieren lassen, dir selbst Blumen kaufen, Blumen für jemand anderen kaufen, an ätherischen Ölen riechen, Tee kochen, Tarotkarten legen, endlich die aussortierten Klamotten wegbringen, dir etwas gönnen, früh schlafen gehen, spontan sein, »Nein« sagen, meditieren, malen, Selfies schießen, masturbieren, aufschreiben, wofür du dankbar bist, Brot backen, Freund*innen treffen, Camping, joggen gehen, einen Hund streicheln, Kunst anschauen, innehalten, ein Problem ansprechen, umdekorieren, aufschreiben, was dich nervt und wofür du *nicht* dankbar bist, zu Hause bleiben, rausgehen, singen, zur Physiotherapie gehen, regelmäßig essen, etwas Neues ausprobieren, alte Fotos anschauen, jemandem deine Hilfe anbieten, schweigen, lachen, zum fünften Mal deine Lieblingsserie schauen, einen Schlussstrich ziehen, weitermachen, dich überwinden, sanft zu dir sein, etwas nicht bewerten, das Bett frisch beziehen, dich abgrenzen, die Schultern kreisen, dich schütteln, darüber sprechen, dir eine Liste schreiben, weinen, von vorn anfangen, um Unterstützung bitten, dir eiskaltes Wasser über die Arme laufen lassen, Urlaub machen, dich krankschreiben lassen, mit deinen Verbündeten zur Demo gehen, dir Verbündete suchen, Obst und Gemüse essen, dazulernen, nachfragen, ein Spiel spielen, in den Himmel starren, nichts tun, baden gehen, umziehen, ein Rezept ausprobieren, etwas aus Holz bauen, mit Ton arbeiten, eine Kräuterwanderung mitmachen, vorausplanen, die Tür abschließen, dein Fahrrad reparieren, etwas anders machen als bisher, jemanden zurückrufen, die Unterlagen sortieren, allein sein, stricken, nichts Neues kaufen, früher Feierabend machen, Selbsthilfebücher lesen – auch die kitschigen!, Essen bestellen, etwas zu Ende bringen, lange wach bleiben, Routinen ausprobieren, jemandem zuhören, deine Kreativität ausleben, zurückkehren, in den Mondkalender schauen, durchatmen, einen Podcast hören, ein Versprechen halten, dich mit Astrologie beschäftigen, jemanden umarmen, jemanden küssen, Intimität, beten, zur Chorprobe gehen, dich zum Boxtraining anmelden, progressive Muskelentspannung ausprobieren, deine Lieblingsklamotten anziehen, einen Mittagsschlaf machen, tagträumen, dich ehrenamtlich engagieren, dir Zeit für dein(e) Kind(er) nehmen, eine*n Babysitter*in engagieren, dich selbst besser kennenlernen, puzzeln, Wolken beobachten, etwas nicht zu Ende bringen ...

GLOSSAR

Ableismus/ableistisch: ist der aus dem Englischen abgeleitete Fachbegriff für die Benachteiligung von sowie Feindlichkeit gegen Menschen, die mit Behinderung(en) und/oder mit chronischen Erkrankungen leben.

Ally/Allyship: bedeutet Verbündete*r und meint Personen, die sich gegen bestimmte Diskriminierungs- und Gewaltformen einsetzen und sie bekämpfen, ohne selbst davon betroffen zu sein – zum Beispiel eine cis Frau, die sich gegen Transfeindlichkeit, oder eine *weiße* Person, die sich gegen Rassismus positioniert und einsetzt.

Antisemitismus/antisemitisch: ist der Fachbegriff für Feindlichkeit, Ressentiments und Gewalt gegen Juden*Jüdinnen.

Bisexualität/bisexuell: bedeutet, sich sexuell und/oder emotional zu mehr als einem Geschlecht hingezogen zu fühlen.

Bodyshaming: meint das Beschämen, die Diskriminierung und Abwertung von Körpern, die nicht der sozial konstruierten Schön- beziehungsweise Schlankheitsnorm entsprechen.

Care-Arbeit: bedeutet Sorgearbeit und beschreibt die zumeist unbezahlte Arbeit im Haushalt (so etwas wie einkaufen, kochen, aufräumen, putzen, Wäsche waschen etc.), die Betreuung und Erziehung von Kindern sowie die Pflege von Angehörigen.

Cis: ist das Antonym zu trans und bedeutet, dass sich eine Person mit dem Geschlecht identifiziert, das ihr bei der Geburt zugeschrieben wurde.

Cisnormativität: beschreibt die in unserer Gesellschaft verbreitete Annahme, dass es »normal« sei, cis zu sein. Damit einher geht die Benachteiligung und Ausgrenzung all jener, die nicht cis, sondern trans*, inter* oder nicht-binär sind.

Diskriminierung: meint die Benachteiligung, Unterdrückung, Abwertung und/oder Ausgrenzung von sowie Vorurteile gegenüber Personen(gruppen) aufgrund bestimmter Merkmale wie etwa des Geschlechts, der sexuellen Orientierung, der ethnischen oder sozialen Herkunft, der Religionszugehörigkeit, des Alters, der körperlichen Fähigkeiten etc.

Gender: ist ein englischer Begriff, der sich nicht so wirklich ins Deutsche übersetzten lässt und der das soziokulturelle Geschlecht mitsamt den sozial konstruierten Geschlechterrollen beschreibt.

Heteronormativität: In unserer Gesellschaft wird es nach wie vor als Norm betrachtet, heterosexuell zu sein beziehungsweise zu leben – sich also als Mann sexuell und/oder emotional ausschließlich zu Frauen hingezogen zu fühlen und umgekehrt. Das geht mit Diskriminierung und/oder Abwertung all derjenigen einher, die nicht heterosexuell, sondern etwa homo- oder bisexuell leben.

Klassismus/klassistisch: ist der Begriff für Diskriminierung und Unterdrückung aufgrund der sozialen Herkunft oder Position – also etwa von Personen, die keine Lohnarbeit haben, die im Niedriglohnsektor beschäftigt und/oder die von Armut betroffen sind.

Marginalisierung/marginalisiert: ist ein Fachbegriff für die Ausgrenzung und das An-den-Rand-der-Gesellschaft-Drängen von bestimmten Bevölkerungsgruppen.

Mehrfachdiskriminierung: nennt man es, wenn eine Person aufgrund mehrerer Faktoren Diskriminierung erfährt.

Misogynie: ist der Fachbegriff für die Verachtung von sowie Feindlichkeit und Hass gegenüber Frauen.

Patriarchat/patriarchal: bedeutet »Väterherrschaft« und beschreibt eine Gesellschaftsordnung, in der Männer gegenüber Frauen bevorteilt werden und mehr Macht innehaben – diese Strukturen bestimmen unser gesellschaftliches Zusammenleben bis heute maßgeblich.

Person/People of Color: ist eine Selbstbezeichnung von Menschen, die von Rassismus betroffen sind. Häufig wird die Abkürzung PoC verwendet oder auch BIPoC (Black, Indigenous and People of Color – also Schwarze und Indigene Personen sowie Personen of Color).

Postkolonialismus/postkolonial: meint sowohl das Nachwirken als auch das Fortbestehen kolonialer Strukturen und Herrschaftsverhältnise. Vertreter*innen der postkolonialen Theorie »versuchen, die geschönte Erzählung des europäischen Kolonialismus zu entlarven«[25].

Queer: Nachdem der Begriff zunächst als abwertende Bezeichnung für Personen galt, die von Cis- und Heteronormativität abwichen, wird er mittlerweile von genau diesen Personen als Selbstbezeichnung verwendet.

Queerfeindlichkeit: beschreibt die Diskriminierung von sowie Vorurteile, Feindlichkeit und Gewalt gegen Personen, die in welcher Form auch immer queer sind oder leben – also etwa lesbische, schwule, bi- oder pansexuelle, trans oder nicht-binäre Personen.

Trans/trans*: bedeutet, dass sich eine Person *nicht* oder nur teilweise mit dem Geschlecht identifiziert, das ihr bei der Geburt zugeschrieben wurde, und ist damit ein Oberbegriff für eine Vielzahl von Identitäten: trans Frauen sowie trans Männer, aber beispielsweise auch genderfluide oder nicht-binäre Personen, die sich zwischen oder außerhalb des binären Zwei-Geschlechter-Systems verorten.

Transfeindlichkeit: beschreibt die Diskriminierung von sowie Vorurteile, Feindlichkeit und Gewalt gegen trans Personen und nicht-binäre Personen.

Weiblich/männlich gelesen: Eine Person weiblich beziehungsweise männlich zu lesen, bedeutet, sie aufgrund äußerer Merkmale (also etwa Körper, Gesichtszüge, Kleidung, Frisur) einem binären (also dem männlichen oder dem weiblichen) Geschlecht zuzuordnen.

NACHWEISE UND ANMERKUNGEN

1. Ich verwende, bezogen auf Personen, sowohl »cis« als auch »trans« als Adjektive und nicht als Präfix (zum Beispiel: »Cisfrau«), um deutlich zu machen, dass die Geschlechtsidentität nicht das einzige beziehungsweise wichtigste Persönlichkeitsmerkmal darstellt.
2. Ich verwende die Schreibweisen »*weiß*« (klein und kursiv) und »Schwarz« (großgeschrieben), um deutlich zu machen, dass es sich nicht um tatsächliche »Hautfarben« oder biologische Merkmale handelt, sondern dass politisch und sozial konstruierte Kategorien gemeint sind.
3. Vgl. Michael Ende: *Die unendliche Geschichte*, Stuttgart: Thienemann 1979.
4. Beth Pickens: *Your Art Will Save Your Life*, New York City, NY: Feminist Press at The City University of New York 2018, S. 39.
5. AFROPUNK – *Radical Self-Care: Angela Davis*, https://www.youtube.com/watch?v=Q1cHoL4vaBs (letzter Zugriff: 23.01.2021)
6. Audre Lorde: *A Burst of Light and Other Essays*, Mineola, NY: Dover Publications 2017, S. 130.
7. Pema Chödrön: *Wenn alles zusammenbricht. Hilfestellung für schwierige Zeiten*, München: Goldmann Verlag 2001, S. 16.
8. Lora Mathis: *Radical Softness*, http://www.loramathis.com/kipp-harbor-times (letzter Zugriff: 09.01.2021)
9. Lora Mathis, @lora__mathis: https://www.instagram.com/p/Bk5yiCsAWX1/ (letzter Zugriff: 12.01.2021)
10. Vgl. Marlee Grace: *How to Not Always Be Working. A Toolkit for Creativity and Radical Self-Care*, New York City, NY: HarperCollins 2018, S. 12.

11 Beth Pickens: *Mind Your Practice*, Podcast, Episode: »Does My Art Really Matter?«, 21.10.2020. http://www.bethpickens.com/mind-your-practice (letzter Zugriff: 11.01.2021)
12 Ebd.
13 *»Die Scham treibt uns an«: Ein Erfahrungsaustausch über das »Imposter-Syndrom«, das Gefühl, immer fehl am Platz zu sein*, missy-magazine.de, 18.03.2020. https://missy-magazine.de/blog/2020/03/18/die-scham-treibt-uns-an/ (letzter Zugriff: 05.01.2021)
14 Vgl. Julia Cameron: *Der Weg des Künstlers. Ein spiritueller Pfad zur Aktivierung unserer Kreativität*, München: Knaur Taschenbuch, Neuausgabe Juli 2009, S. 32ff.
15 Vgl. Emily Nagoski, Ph.D., and Amelia Nagoski, D.M.A.: *Burnout. The Secret to Unlocking the Stress Cycle*, London: Vermilion 2019, S. 5ff.
16 Vgl. https://de.wikipedia.org/wiki/Gelassenheitsgebet (letzter Zugriff: 07.01.2021)
17 Aber Katharina Nocun und Pia Lamberty sind Expertinnen für Verschwörungsmythen, und sie haben ein sehr empfehlenswertes Buch geschrieben: *Fake Facts: Wie Verschwörungstheorien unser Denken bestimmen*, Berlin: Quadriga Verlag 2020
18 Corinna Rosella, @riseupgoodwitch: https://www.instagram.com/p/BbhpKJQnKeO/ (letzter Zugriff: 11.01.2021)
19 Fatma Aydemir: *Arbeit*, in *Eure Heimat ist unser Albtraum*, hrsg. v. Fatma Aydemir und Hengameh Yaghoobifarah, Berlin: Ullstein 2019, S. 33.
20 Andréa Ranae, @andrearanaej: https://www.instagram.com/p/CIrRQYPnb3l/ (letzter Zugriff: 11.01.2021)

21 Catherine Price: *How to Break Up with Your Phone: The 30-Day Plan to Take Back Your Life*, Berkeley, CA: Ten Speed Press 2018, S. 24.

22 Vgl. Lucy Hone: *The three secrets of resilient people*, ted.com, August 2019. https://www.ted.com/talks/lucy_hone_the_three_secrets_of_resilient_people (letzter Zugriff: 06.01.2021)

23 Ein sehr empfehlenswertes Buch zu diesem Thema ist: Peter A. Levine: *Sprache ohne Worte. Wie unser Körper Trauma verarbeitet und uns in die innere Balance zurückführt*, München: Kösel-Verlag 2011

24 Susanna Barkataki: *How to Decolonize Your Yoga Practice*, decolonizingyoga.com, 07.02.2015. https://decolonizingyoga.com/decolonize-yoga-practice/ (letzter Zugriff: 07.01.2021)

25 Miena Waziri: *Häh? Was heißt Postkolonial?*, missy-magazine.de, 23.04.2019. https://missy-magazine.de/blog/2019/04/23/hae-was-heisst-postkolonial/ (letzter Zugriff: 13.01.2021)

DANK

Ich danke dem gesamten, großartigen Team bei Eden Books – besonders Juliane Noßack –, der Lektorin Tanja Bertele und meiner Agentin Julia Eichhorn. Außerdem danke an Rainer, der mich auf die Idee gebracht hat, das hier überhaupt aufzuschreiben. Danke an Friede, Ninia und Rebecca fürs Lesen, an Lea natürlich, an Tarik, wie immer an Consti und Meret, und überhaupt an all meine Freund*innen, for being who you are.

Eden Books
Ein Verlag der Edel Verlagsgruppe
Copyright © 2021 Edel Verlagsgruppe GmbH, Neumühlen 17, 22763 Hamburg
www.edenbooks.de | www.edel.com
7. Auflage 2024

Die Entstehung dieses Werkes wurde durch ein Stipendium der Kulturstiftung des Freistaates Sachsen gefördert.

Projektkoordination: Juliane Noßack und Julia Gommel-Baharov
Lektorat: Tanja Bertele
Korrektorat: Rotkel. Die Textwerkstatt
Umschlaggestaltung: zero-media.net, München
Illustrationen: © Lea Hillerzeder / Slinga Illustration (@slingaillustration)
Layout und Satz: Datagrafix GSP GmbH, Berlin | www.datagrafix.com
Druck und Bindung: GGP Media GmbH, Pößneck
ISBN 978-3-95910-332-9

Alle Rechte vorbehalten. All rights reserved. Das Werk darf – auch teilweise – nur mit Genehmigung des Verlages wiedergegeben werden.

Printed in Germany

Eden Books unterstützt bei der Produktion dieses Buches das Projekt »Junge Riesen für die nächsten 100 Jahre«. Damit wird ein Anteil der unvermeidbaren CO_2-Emissionen kompensiert.

Anna Maas
Die Happiness-Lüge
Wenn positives Denken
toxisch wird

256 Seiten | Klappenbroschur
€ 16,95 (D) / € 17,50 (A)
ISBN: 978-3-95910-314-5
Auch als E-Book erhältlich

»Good vibes only! Mach das Beste draus! Sieh's doch mal positiv!« Auf Instagram und Co. wird Optimismus bis zum Umfallen gepredigt. Aber lassen sich negative Gefühle wirklich einfach wegmeditieren? Können wir uns allen Ärger und Frust beim Yoga von der Seele atmen? Und ist tatsächlich etwas dran an dem viel zitierten »Law of Attraction«, das unser Schicksal ganz allein in unsere Hände legt, frei nach dem Motto »Wer positiv denkt, dem widerfährt Gutes«?
Anna Maas ist sich sicher: Nein! Denn durch die allgegenwärtige Glückssuche entsteht Druck: Jede*r muss immer positiv denken, für negative Emotionen ist kein Platz. Wer es nicht »schafft«, optimistisch zu bleiben, hat versagt. Dieses Phänomen hat einen Namen: »Toxic Positivity«.
In ihrem Buch untersucht die Journalistin, was wirklich dran ist an dem Zwang zum Glücklichsein. Anhand ihrer eigenen Erfahrungen und der Meinungen zahlreicher Expert*innen erklärt sie, warum eine positive Lebenseinstellung um jeden Preis oft nicht nur wenig hilfreich ist – sondern uns sogar schaden kann.